Cancer

Horoscope

2025

Alina Rubi

Publié indépendamment

Tous droits réservés © 2025

Astrologa : Alina Rubi

Commissaires : Alina Rubi et Angeline Rubi

rubiediciones29@gmail.com

Qui est le cancer ?

Date : 22 juin au 22 juillet

Jour : Lundi

Couleur : Blanc, Argent

Élément : Eau

Compatibilité : Taureau, Poissons

Symbole :

Mode : Cardinal

Polarité : Femelle

Planète dominante : Lune

Boîtier : 4

Métal : argent

Quartz : pierre de lune, perle, quartz rose,

Constellation : Cancer

Personnalité Cancer

L'intelligence émotionnelle du Cancer est incomparable, c'est un signe extrêmement empathique. Ils ont une intuition aiguë, c'est pourquoi ils sont les plus protecteurs de tout le zodiaque, c'est pourquoi ils sont protecteurs par excellence.

Ils sont toujours attentifs et prêts à répondre aux besoins des autres, quitte à se mettre à l'arrière-plan.

Il est émotif et affectueux, amical et sait se montrer prudent lorsque nécessaire. Ils aiment leur maison et leurs enfants, leur maison est comme un nid, un refuge où ils peuvent aller quand le stress les submerge.

Ils ont une excellente mémoire, en particulier pour les événements personnels et les souvenirs d'enfance qu'ils sont capables de se rappeler dans les moindres détails. Ils vivent conditionnés par leurs souvenirs du passé et leur imagination de l'avenir.

Ce sont d'excellents fournisseurs et travaillent mieux lorsqu'ils sont laissés seuls sans que personne n'essaie de les aider dans leur travail au travail.

Ils traitent leur travail de la même manière qu'ils traitent leur maison. Ils protègent leur statut professionnel et occupent souvent des postes importants. Ils sont loyaux, s'attendent à ce qu'ils soient loyaux et traitent leurs employés comme des membres de leur famille.

Ils aiment recevoir de nombreux compliments des autres, sont ambitieux, sont facilement offensés et sont évoqués dans de nombreuses situations où il n'y a aucune raison de le faire.

Ce sont de très bons traders, ils aiment l'argent, ils ont leurs économies et personne ne sait combien ils ont. Ils sont un peu méfiants lorsqu'il s'agit de commencer une relation amoureuse, ils font très attention à cette situation parce qu'ils ont peur d'être blessés, c'est pourquoi ils ne se laissent pas emporter par leurs sentiments ou leurs passions, car ils doivent d'abord s'assurer qu'ils sont avec la bonne personne pour tout risquer, Parce qu'ils donnent leurs sentiments, leur confiance et leur amour sans réserve.

Ils sont très détaillés et romantiques, quand ils ont un partenaire, ils ne permettent à personne de se mettre en travers de leur relation, pas même de leur donner des conseils sur la façon de la gérer ou ce qui est le mieux à tout moment.

Horoscope général du Cancer

Les marées cosmiques de l'année 2025 promettent d'être une période transformatrice et enrichissante pour le Cancer. Cette année, les planètes vous offrent des opportunités de croissance et d'harmonie. Les étoiles vous réservent de grandes surprises. Votre vie connaîtra de grands changements et de nombreuses opportunités pour votre croissance professionnelle, vos rencontres amoureuses et vos voyages. Cependant, l'année présente également certains défis, en particulier pendant les périodes d'éclipse. Il est nécessaire d'aborder ces changements avec une approche optimiste.

Les alignements planétaires vous amèneront à avoir un équilibre entre l'amour et votre profession. Vous devrez faire face à des conflits difficiles à gérer. Cependant, c'est le moment idéal pour avoir des conversations, que vous avez évitées, avec votre partenaire.

C'est une année d'introspection émotionnelle et de création de liens profonds et significatifs. C'est littéralement une invitation astrale à embrasser votre profondeur émotionnelle. Tout cela vous obligera à naviguer dans vos sentiments avec courage et résilience. Votre empathie et votre intuition innées vous guideront à travers n'importe quelle adversité.

Embrassez l'énergie transformatrice des éclipses et utilisez des périodes de réflexion pour approfondir votre conscience de soi et nourrir votre croissance personnelle. Vous êtes une puissante force de sagesse émotionnelle, et les planètes conspirent pour vous aider à cultiver une vie d'auto-compensassions profonde.

L'année sera un peu mouvementée pour vous car elle commence avec Mars rétrograde dans votre signe jusqu'au 23 février. Mars peut vous apporter beaucoup d'énergie, mais rétrograde apporte de la frustration. Recherchez des éruptions cutanées saines pour le stress.

Les pleines lunes amplifieront votre énergie émotionnelle et peuvent créer plus de défis. Les nouvelles lunes vous obligeront à faire les bons choix.

D'ici la fin de l'année, vous serez prêt à commencer votre recherche d'une maison ou à y emménager officiellement.

Amour

Les Cancers dans les relations engagées connaîtront une année de profonde intensité émotionnelle. Les éclipses provoqueront des changements ou des ajustements dans vos relations. Si vous êtes célibataire, votre charisme vous permettra d'attirer plus facilement des partenaires potentiels qui apprécient votre empathie. Cependant, il est important que vous fassiez attention à ne pas devenir possessif.

2025 est une période de romance, où vous ferez l'expérience d'une intimité et d'une connexion plus profondes avec votre partenaire idéal. Cupidon sera votre bras droit et vos passions profondes.

Pour certains, un ami proche peut devenir leur partenaire.

Une communication efficace est essentielle à la survie de vos relations, en particulier pendant les périodes rétrogrades de Mercure. Lorsque la colère, la jalousie ou le ressentiment surgissent, acceptez-le pour ce qu'il est, mais explorez aussi sous la surface. Sinon, vous ne ferez que réparer des coupures superficielles et ne pourrez jamais guérir les plaies les plus importantes. Pendant que vous réfléchissez, consacrez quelques cellules cérébrales pour mieux comprendre pourquoi cette personne vous chassera de votre esprit.

Pluton aura un impact sur votre zone émotionnelle tout au long de l'année, et vous serez en mesure de prendre vos liens émotionnels au sérieux ou de renforcer ceux existants.

Nouvelles lunes vous feront vous sentir totalement compréhensif envers vos proches. Les pleines lunes vous rendront plus romantique et affectueux. Baissez votre garde et montrez vos sentiments. Donner le meilleur de soi-même est le secret pour vivre éternellement dans l'amour.

Si vous êtes célibataire, la solitude peut vous donner la tranquillité d'esprit, mais assurez-vous de ne pas vous isoler. Les promenades dans la nature, en particulier près de l'eau, peuvent vous donner le repos dont vous avez besoin.

Économie

Votre caractère assidu commencera à porter ses fruits cette année. Continuez à mettre en place des systèmes pour travailler efficacement et sécuriser votre revenu de base. Vous pouvez toujours rembourser une dette, mais vous vous en sortirez rapidement.

Les opportunités afflueront à proximité des éclipses. Profitez-en pour montrer votre créativité sur les réseaux sociaux ou collaborer avec quelqu'un et démarrer une entreprise. Vous pouvez voyager dans plusieurs villes au cours de cette année ou travailler avec des clients de différentes parties du monde.

Concentrez-vous sur la construction d'une base stable et l'achèvement d'un projet que vous avez en attente. Il est essentiel que vous soyez patient et que vous planifiiez très bien les choses. Sa sensibilité inhérente et son souci du détail lui seront très utiles cette année.

Les cancers vont booster leur profession en 2025, rappelez-vous que des chemins non conventionnels vous mèneront à vos objectifs. Cette année, il sera très motivé, il est donc sûr de réussir. Mars vous poussera et vous donnera l'énergie et le pouvoir de rester au sommet.

Trouvez des personnes dont les compétences complètent les vôtres, puis synchronisez vos superpouvoirs.

Les chambres vont vous aimer durant cette année. Si vous ne vous sentez pas à l'aise devant un objectif, faites ce que votre panneau fait de mieux : pratiquer vers la perfection.

Mercure rétrograde peut vous causer des problèmes financiers, il est important que vous soyez conscient de votre économie et que vous preniez des décisions intelligentes avec votre argent. Les pleines lunes se concentrent sur la finalisation des plans financiers, la suppression des blocages et la libération de certaines ressources. Nouvelles lunes peuvent vous aider à gagner de l'argent d'une manière que vous avez déjà fait auparavant.

À tes souhaits

Prenez soin de vos os, de votre peau et de vos dents. Consultez un chiropraticien, un dermatologue ou un dentiste cette année. Mettez-vous les mains dans le cambouis avec la prévention. Si on vous a dit de vous tenir debout ou d'utiliser la soie dentaire, faites-le. Le lien entre l'alimentation et votre humeur sera évident, vous devez modifier votre alimentation, opter pour des aliments anti-inflammatoires ou essayer le jeûne intermittent.

Les multivitaminés, ou suppléments naturels, garantiront que la bonne nutrition atteint vos cellules. Les éclipses provoqueront des changements liés à votre santé, vous devez donc réévaluer votre mode de vie. Dix Il est très important de stresser et de rester à l'écart des tensions. Pendant les périodes de rétrogradation de Mercure, votre santé peut être affectée d'une manière ou d'une autre. Le stress sera le problème qui vous hantera le plus au cours de l'année en raison du surmenage. Prenez soin de votre système digestif, évitez les aliments qui causent la gastrite.

Dates importantes

13 janvier - Pleine Lune en Cancer

24 février – Fin de la rétrogradation de Mars en Cancer

8 juin – Mercure entre en Cancer

9 juin - L'entrée de Jupiter dans le Cancer

21 juin - Entrée du soleil (solstice d'été)

25 juin – Nouvelle lune en Cancer

31 juillet - Vénus entre dans votre signe

11 novembre – Début de la rétrogradation de Jupiter en Cancer

Horoscope mensuel 2025 du Cancer

Janvier 2025

Le secret de son succès ? Leur sensualité, bien sûr, mais aussi leur sensibilité et leur capacité à sympathiser avec les besoins des autres. Ce sera particulièrement vrai ce mois-ci.

Même sur le plan professionnel, vous pouvez vous attendre à de grands succès, même s'il faudra certainement un peu de patience pour récolter les fruits de vos efforts.

Quoi qu'il en soit, la confiance que vous montrez joue en votre faveur. Ne changez pas votre formule gagnante !

En amour, vous ferez bien. Ce sera un mois heureux en amoureux. Si vous avez un partenaire, c'est le bon mois pour vous marier ; Si vous êtes déjà marié, c'est le bon moment pour avoir des enfants, car vous bénéficiez d'une fertilité inhabituelle.

Si vous êtes seul, vous avez de fortes chances de trouver un partenaire, vous savez très bien ce que vous voulez, donc quand cette personne se présentera, vous la reconnaîtrez. Vous voulez quelqu'un d'aussi intelligent et empathique que vous. Vous voulez qu'ils parlent votre langue. Si un projet a été interrompu, il est déverrouillé. Vous aurez beaucoup de créativité artistique.

Numéros porte-bonheur
6, 12, 18, 26, 33

Février 2025

Ce mois-ci, vous devrez contrôler votre personnage, pour éviter de vous disputer avec votre famille. Essayez de parler avec affection et calme. Ils ne sont pas vos ennemis.

Cela peut trouver son âme sœur. Si c'est le cas, c'est peut-être la pièce manquante pour le compléter. Lorsque vous serez avec cette personne, vous vous sentirez complet pour la première fois de votre vie. Gardez les pieds sur terre lorsque vous commencez cette relation.

Votre cerveau libère certaines de vos idées les plus créatives ; Gardez donc un stylo et du papier à portée de main pour noter ce que vous pensez. Transformez-le en quelque chose de tangible et commencez à travailler pour en tirer le meilleur parti possible.

Après le 12, ne laissez pas quelqu'un qui ne veut pas vous voir bien interférer dans votre vie personnelle, cette personne a peut-être généré de l'envie en vous sans raison apparente ; Alors, ne vous inquiétez pas de faire plaisir à ceux qui ne vous aiment pas.

Votre relation manque de passion, et l'autre personne s'en sort. Ils ne vous diront probablement rien, mais vous le remarquerez à leurs attitudes.

Dans la finance et les affaires, vous devrez être trop prudent à la fin du mois.

Numéros porte-bonheur
3, 11, 14, 18, 29

Mars 2025

Vous avez une grande capacité à vous battre pour ce que vous voulez, et vous avez jeté votre dévolu sur quelqu'un en particulier, prenez la peine de le conquérir, vous verrez qu'à la fin tout ira bien.

C'est un mois spécial pour prendre des décisions importantes concernant l'argent, vous avez une somme économisée et il est temps d'en faire quelque chose. Il est recommandé de faire un petit investissement qui vous permet de multiplier cet argent en peu de temps. Vous découvrirez une nouvelle activité que vous n'avez pas encore explorée.

Ne laissez pas les gens qui vous doivent de l'argent le garder, c'est bien de récupérer ce que vous avez, même si vous n'êtes pas intéressé à entrer en conflit avec les autres pour de l'argent.

Prenez soin de votre corps ce mois-ci, vous abusez de vos heures de repos. Vous négligez également des nutriments importants qui peuvent vous aider à avoir plus d'énergie.

Numéros porte-bonheur
24, 25, 30, 31, 34

Avril 2025

Ce mois-ci, vous devriez commencer à être plus présent dans votre maison, les personnes qui vivent avec vous peuvent commencer à en vouloir à votre absence, essayez de partager avec vos proches, vous ne le regretterez pas.

C'est un bon mois pour l'amour, si vous êtes célibataire, il est probable que quelqu'un commencera à vous parler et vous donnera des signes d'intérêt au-delà de la simple amitié, n'ayez pas peur d'explorer vos sentiments.

Vous vivrez un moment romantique avec la personne que vous aimez, vous préparerez un dîner romantique, votre partenaire vous remerciera et ce sera bon pour vous deux et cela renforcera l'amour que vous avez, vous ne le regretterez pas.

Un imprévu vous donnera le courage de prendre des décisions liées à votre qualité de vie et à celle de votre famille, il faut bien réfléchir à ce que vous allez faire.

À la fin du mois, il y aura des imprévus au travail. Si vous parvenez à les gérer correctement, votre prestige professionnel grandira aux yeux de vos patrons. Tout est une question de volonté et de persévérance, et vous avez beaucoup de ces qualités.

Numéros porte-bonheur
2, 11, 12, 13, 23

Mai 2025

Un très bon mois pour ceux qui veulent réorganiser leur maison, vous aurez le temps de tout repeindre comme bon vous semble.

C'est un mois idéal pour profiter de la famille et des gens que vous aimez, vous n'avez pas à penser que vous aurez toujours tout le temps du monde à partager avec eux.

Ce mois-ci, vous devrez faire un investissement d'argent de manière inattendue, n'ayez aucun regret, vous le récupérerez en un rien de temps.

Vous devez être conscient des signes de l'amour, il n'est pas bon d'être sans compagnie pendant si longtemps, il n'est pas bon de s'habituer au rythme de la vie de célibataire, vous pouvez prendre beaucoup d'affection pour ce statut.

Vous n'êtes pas prudent dans votre travail, cela peut vous surprendre, probablement une erreur que vous avez commise il y a longtemps en montre les conséquences. Ne vous inquiétez pas car vous serez en mesure de surmonter n'importe quel obstacle. Il suffit de temps et de patience. Le problème est que cette situation générera un sentiment de défaite et que vous courrez le risque de dépression. Ne soyez pas pessimiste et évitez de vous tourmenter.

Numéros porte-bonheur
11, 13, 22, 23, 24

Juin 2025

Ce mois-ci, vous devriez commencer à prendre des mesures concrètes pour obtenir ce que vous voulez, si vous ne vous engagez pas, il n'y aura pas de récompense.

Vous aurez probablement une réunion d'affaires qui implique de partager des idées et des solutions avec d'autres personnes qui essaient d'atteindre le même objectif que vous. Vous devez avoir la capacité d'écouter l'opinion de chacun et d'exposer vos pensées, de respecter et vous serez respecté.

Vous aurez de grandes nouvelles sur l'argent après le 19, ce sera une très bonne chose, faites-vous plaisir et donnez quelque chose à votre famille.

À la fin du mois, vous trouverez du temps pour réfléchir et des opportunités de changement. Profitez-en pour cultiver votre patience et trouver la clarté dans n'importe quelle situation. Même si vous ne vous sentez pas au plus haut niveau d'inspiration, ayez confiance que cette période passera et que vous reviendrez à votre état de concentration et de créativité.

En amour, ce sera une période de décisions importantes. Si vous avez été confronté à une déception, prenez le temps de réfléchir à vos sentiments et à vos priorités.

Numéros porte-bonheur
4, 26, 27, 32, 35

Juillet 2025

Ce mois-ci, vous aurez de nombreuses occasions de faire progresser votre économie, mais vous saurez comment en profiter ou les laisser passer. Ne paniquez pas, car des rumeurs de licenciements vont circuler au travail. Cependant, rien de tout cela ne devrait vous inquiéter, car vous bénéficierez d'une protection spéciale qui vous protégera de tout désagrément.

En amour, la femme est là depuis longtemps, vous voulez mettre fin à votre relation amoureuse, mais de peur de blesser cette personne qui a été si bonne avec vous, vous avez décidé de garder le silence. Les planètes vous conseillent de ne pas laisser la culpabilité vous immobiliser. Si vous ne ressentez plus d'amour, vous devriez leur dire. S'il a été bon avec vous, il mérite une raison de plus d'être sincère. Utilisez votre liberté pour décider ce que vous voulez faire de votre vie.

Vous devez être très attentif aux signaux que le destin vous donnera concernant quelque chose d'important que vous n'avez pas fait. Vous ne devez pas baisser les bras face à ce que vous ne pouvez pas gérer. Vous devez réfléchir à la façon dont vous devrez gérer l'argent que vous avez en ce moment, vous avez eu des dépenses imprévues, ne laissez pas la vie vous mettre à rude épreuve dans cette affaire.

Numéros porte-bonheur

4, 7, 9, 26, 29

Août 2025

Ce mois-ci, vous pouvez utiliser votre imagination et votre créativité pour créer quelque chose de merveilleux. Vous devez retourner à votre centre pour trouver la paix dont vous avez besoin. Vous devez garder à l'esprit qu'il n'est pas toujours possible de réaliser tout ce que vous avez prévu de faire dans le temps que vous souhaitez.

Il est important que vous sachiez saisir les opportunités qui se présentent à l'horizon, elles sont un peu loin, mais ne laissez pas les obstacles continuer à vous ralentir.

En amour, vous devriez quitter les activités habituelles, les échanger contre des choses excitantes pour pimenter votre relation. Si vous avez du mal à communiquer avec votre partenaire, vous devez vous asseoir avec lui et lui dire ce qui vous arrive calmement et respectueusement.

Il y a une guerre en cours et il n'y a aucun moyen de l'éviter. Il y a de fortes chances que vous soyez dans la ligne de mire. Essayez de vous mettre dans un endroit où vous avez une vue complète du sujet à tout moment. Il y a de fortes chances que quelqu'un veuille vous rendre la vie difficile, cette aversion que cette personne a pour vous est quelque chose de courant sur le lieu de travail.

Numéros porte-bonheur
8, 19, 22, 26, 34

Septembre 2025

Ce mois-ci, le manque de communication efficace peut entraîner des malentendus, des ressentiments et des éloignements dans votre relation amoureuse. Cela se produit parce que vous ne savez pas comment exprimer vos besoins, que vous n'écoutez pas ou que vous avez recours à des critiques constantes. N'oubliez pas que ne pas savoir comment aborder les discussions de manière constructive peut entraîner du ressentiment et rendre difficile la résolution des problèmes. Il est encore temps. Essayez de comprendre le point de vue de l'autre personne sans la juger. Parlez de vos sentiments, de vos craintes et de vos attentes à propos de l'argent sans vous blâmer les uns les autres, et établissez un budget réaliste qui comprend tous vos revenus et dépenses. Si vous agissez de manière impulsive et que vous ne vous arrêtez pas pour faire cette planification, vous pouvez payer un prix élevé.

Si vous vous sentez découragé, n'oubliez pas que l'activité physique est un excellent antidépresseur naturel et aide à réduire le stress. Essayez d'obtenir vos heures de sommeil, car le manque de sommeil peut augmenter le stress. Assurez-vous de dormir suffisamment chaque nuit et de maintenir une alimentation équilibrée. Limitez votre consommation de caféine et d'alcool. Ces substances augmentent l'anxiété et rendent le sommeil difficile.

Numéros porte-bonheur
10, 14, 22, 31, 36

Octobre 2025

L'énergie astrale de ce mois-ci suggère une trahison imminente. Même si la vie lui a donné des moments de grande joie, il arrive un moment où la confiance d'un proche peut être sérieusement compromise. Un secret caché peut être mis en lumière, vous causant une profonde déception, ou un acte ou une omission peut vous amener à remettre en question la loyauté de quelqu'un en qui vous avez entièrement confiance.

Cependant, les planètes indiquent qu'un tournant inattendu dans votre situation financière est à venir. Soyez prêt à recevoir un afflux d'argent qui pourrait changer vos plans après le 19 de ce mois. Un membre de votre famille, un ami ou une connaissance peut vous surprendre, ou l'argent que vous pensiez avoir perdu peut réapparaître de manière inattendue. Votre chance peut faire un virage à 180°.

Vous déciderez probablement d'acheter un animal de compagnie ou d'en adopter un. Les animaux de compagnie apportent de nombreux avantages à notre santé physique et mentale, prendre soin d'un animal nous apprend la responsabilité, l'empathie et la patience.

Vous ressentirez probablement une profonde douleur émotionnelle à cause de la perte d'un être cher, ressentirez une grande absence dans votre vie et un sentiment de vide.

Numéros porte-bonheur
2, 16, 21, 31, 32

Novembre 2025

Ce mois-ci, la perte de confiance et d'excitation dans votre relation peut vous causer une profonde tristesse et désolation. Vous pouvez avoir peur de faire confiance à quelqu'un à nouveau et développer des insécurités dans vos relations futures.

Au travail, toutes vos actions seront affectées par un événement soudain. Vous serez trop distrait et risquez de faire des erreurs. Il est conseillé de se concentrer sur ce que vous faites pour éviter des complications avec vos patrons dues à votre négligence. Ne laissez pas les événements passés, ou les traumatismes de l'enfance, commencer à apparaître, vous avez tout de votre côté pour pouvoir gérer tout ce qui vous arrive.

Quelqu'un a besoin de vous parler de toute urgence. C'est une personne qui cherche des conseils, ou vos conseils, sur quelque chose que vous faites en tant que travail, si vous pouvez offrir vos services pour le faire sans crainte.

Ce mois-ci, vous voudrez acheter une voiture. Recherchez un véhicule qui répond à vos besoins quotidiens. Privilégiez la sécurité et le confort. On peut vous dire que votre enfant a des problèmes de désobéissance ou des difficultés à communiquer avec ses pairs ou ses enseignants.

Numéros porte-bonheur

5, 7, 11, 18, 25

Décembre 2025

Ce mois-ci, votre esprit aventureux vous encouragera à sortir de votre zone de confort et à explorer de nouvelles opportunités d'emploi. Grâce à votre capacité à vous connecter avec les autres, à votre ouverture d'esprit et à votre esprit, vous avez le potentiel de réussir dans une grande variété de domaines.

Essayez d'équilibrer l'aventure avec la stabilité dans votre vie amoureuse. Bien que vous aimiez explorer de nouvelles expériences, vous avez également besoin d'un sentiment de sécurité dans votre relation. Gardez vos intérêts et vos amitiés en dehors de la relation.

Après le milieu du mois, lorsque vous choisissez la tenue de vacances parfaite, votre esprit vagabondera vers les destinations exotiques potentielles que vous pourriez visiter si la chance vous sourit et que vous gagnez un prix de loterie.

Fixez-vous des objectifs ambitieux et élaborez des stratégies détaillées pour atteindre vos objectifs pour 2026 en faisant preuve de détermination et de persévérance.

Numéros porte-bonheur
4, 5, 25, 28, 32

Les cartes de tarot, un monde énigmatique.

Le mot Tarot signifie « voie royale », c'est une pratique ancienne, on ne sait pas exactement qui a inventé les jeux de cartes en général, ni le Tarot en particulier ; Il y a les hypothèses les plus diverses à ce sujet. Certains disent qu'il est originaire de l'Atlantide ou d'Égypte, mais d'autres croient que le tarot est venu de Chine ou d'Inde, de l'ancienne terre des gitans, ou qu'il est venu en Europe par les Cathares.

Le fait est que les cartes de tarot distillent le symbolisme astrologique, alchimique, ésotérique et religieux, à la fois chrétien et païen.

Jusqu'à récemment, certaines personnes évoquaient le mot « tarot » : il était courant d'imaginer un gitan assis devant une boule de cristal dans une pièce entourée de mysticisme, ou de penser à la magie noire ou à la sorcellerie, aujourd'hui cela a changé.

Cette technique ancienne s'est adaptée aux temps nouveaux, a rejoint la technologie, et de nombreux jeunes s'y intéressent profondément.

Les jeunes se sont isolés de la religion parce qu'ils croient qu'ils ne trouveront pas la solution à ce dont ils ont besoin, ils ont réalisé la dualité de la religion, ce qui n'existe pas avec la spiritualité.

Sur tous les réseaux sociaux, vous trouverez des rapports dédiés à l'étude et aux lectures du tarot, car tout ce qui touche à l'ésotérisme est à la mode ; En fait, certaines décisions hiérarchiques sont prises en tenant compte du tarot ou de l'astrologie.

Ce qui est remarquable, c'est que les prédictions qui sont généralement liées au tarot ne sont pas les plus recherchées, ce qui est lié à la connaissance de soi et aux conseils spirituels est le plus demandé.

Le tarot est un oracle, à travers ses dessins et ses couleurs, nous stimulons notre sphère psychique, la partie la plus cachée qui va au-delà du naturel. Beaucoup de gens se tournent vers le tarot comme guide spirituel ou psychologique, car nous vivons dans des périodes d'incertitude et cela nous amène à chercher des réponses dans la spiritualité.

C'est un outil si puissant qu'il vous dit concrètement ce qui se passe dans votre subconscient afin que vous puissiez le percevoir à travers le prisme d'une nouvelle sagesse.

Carl Gustav Jung, le célèbre psychologue, a utilisé les symboles du tarot dans ses études psychologiques. Il a créé la théorie des archétypes, où il a découvert une grande quantité d'images qui aident à la psychologie analytique.

L'utilisation de dessins et de symboles pour faire appel à une compréhension plus profonde est souvent utilisée en psychanalyse. Ces allégories font partie de nous, elles correspondent à des symboles de notre subconscient et de notre esprit.

Notre inconscient a des zones sombres et lorsque nous utilisons des techniques visuelles, nous pouvons atteindre différentes parties de celui-ci et révéler des éléments de notre personnalité que nous ne connaissons pas.

Lorsque vous pouvez décoder ces messages à travers le langage imagé du tarot, vous pouvez choisir les décisions à prendre dans la vie pour créer le destin que vous désirez vraiment.

Le tarot avec ses symboles nous enseigne qu'il existe un Univers différent, surtout aujourd'hui où tout est si chaotique et où l'on cherche une explication logique à toutes choses.

Le Monde, Tarot pour le Cancer 2025

La carte Monde indique la fin d'un niveau, la fin d'une situation, et une fin mène toujours à un début. Une fin mène à un commencement et cela conduira à un changement.

Cette carte vous rappelle de surmonter vos dualités, conflits, antagonismes, contradictions, oppositions et divisions. Vous devez unir les forces opposées en vous, et pour qu'elles s'unissent, vous devez d'abord les accepter. Acceptez vos forces lumineuses et vos forces obscures. De cette façon, vous serez libre.
Elle est liée à la réussite due aux efforts fournis. Un signe du destin que le positif attire les choses bénéfiques.
El Mundo vous apportera beaucoup de choses positives en 2025, le succès et les voyages.

Couleur porte-bonheur

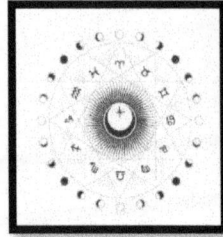

Les couleurs nous affectent psychologiquement ; Ils influencent notre appréciation des choses, notre opinion sur quelque chose ou quelqu'un, et peuvent être utilisés pour influencer nos décisions.

Les traditions pour accueillir la nouvelle année varient d'un pays à l'autre, et la nuit du 31 décembre, nous pesons tous les points positifs et négatifs que nous avons vécus au cours de l'année à venir. Nous avons commencé à réfléchir à ce que nous pouvions faire pour profiter de notre chance dans la nouvelle année qui approche.

Il existe plusieurs façons d'attirer des énergies positives vers nous lorsque nous accueillons la nouvelle année, et l'une d'entre elles est de porter ou de porter des accessoires d'une couleur spécifique qui attire ce que nous voulons pour l'année qui est sur le point de commencer.

Les couleurs ont des charges énergétiques qui influencent nos vies, il est donc toujours conseillé d'accueillir l'année habillé d'une couleur qui attire les énergies de ce que nous voulons réaliser.

Pour cette raison, il existe des couleurs qui vibrent positivement avec chaque signe du zodiaque ; Ainsi, la recommandation est de porter des vêtements à l'ombre qui attireront la prospérité, la santé et l'amour en 2025. (Vous pouvez également porter ces couleurs le reste de l'année pour des occasions importantes ou pour agrémenter vos journées.)

N'oubliez pas que même si la chose la plus courante est de porter des sous-vêtements rouges pour la passion, roses pour l'amour et jaunes ou dorés pour l'abondance, il n'est jamais inutile d'attacher la couleur qui profite le plus à notre signe du zodiaque à notre tenue.

Cancer

Pourpre

Le violet est une couleur vraiment puissante et intense.

Les gens réagissent au violet plus que vous ne le pensez. Cette couleur vous aidera à maintenir l'amour et la gentillesse.

Le violet est associé à la royauté, à la richesse et à la magie. C'est une couleur très puissante.

La couleur violette stimule la créativité, la spiritualité et l'indépendance.

Cette teinte majestueuse aura également un effet calmant sur votre public, les gens se sentiront plus calmes lorsqu'ils vous verront.

Le violet est une excellente couleur si vous avez un travail très stressant, car il réduit l'irritabilité. C'est une couleur qui apporte stabilité et énergie.

Il est associé à la sagesse et à la créativité et vous permettra également d'absorber la bonne énergie, la chance et l'abondance.

Porte-bonheur

Qui n'a pas une bague porte-bonheur, une chaîne que l'on n'enlève jamais, ou un objet que l'on ne donnerait pour rien au monde ? Nous attribuons tous un pouvoir particulier à certains objets qui nous appartiennent et ce caractère spécial qu'ils prennent pour nous en fait des objets magiques. Pour qu'un talisman agisse et influence les circonstances, il faut que son porteur ait foi en lui et cela le transformera en un objet prodigieux, capable d'accomplir tout ce qu'on lui demande.

Au sens courant, une amulette est tout objet qui promeut le bien comme mesure préventive contre le mal, le mal, la maladie et la sorcellerie.

Les porte-bonheurs peuvent vous aider à passer une année 2025 pleine de bénédictions à la maison, au travail, avec votre famille, attirer de l'argent et la santé. Pour que les amulettes fonctionnent correctement, vous ne devez pas les prêter à quelqu'un d'autre et vous devez toujours les avoir à portée de main.

Les amulettes existent dans toutes les cultures et sont fabriquées à partir d'éléments de la nature qui agissent comme des catalyseurs pour les énergies qui aident à créer les désirs humains.

On attribue à l'amulette le pouvoir de conjurer les maux, les sortilèges, les maladies, les désastres ou de neutraliser les mauvais désirs projetés à travers les yeux d'autres personnes.

Cancer

Étoile.

Une étoile à cinq branches est un puissant talisman de protection qui protège son propriétaire des mauvaises énergies et des envieux. Ce pendentif vous offre non seulement une excellente protection, mais stimule également votre intuition.

Une étoile portée comme une amulette attire l'amour, la richesse et d'autres avantages. Porter une étoile vous aidera à surmonter les obstacles et à attirer ce que vous voulez avec facilité.

Cette amulette vous protégera de la sorcellerie, sera votre guide et vous conduira à la vérité qui vit en vous, révélant votre potentiel caché. L'étoile est une amulette qui vous servira pour le travail, l'argent, l'amour, la chance et la santé. Il symbolise la protection, attire la joie et transmute la malchance. Il donne du pouvoir et de l'autorité à ceux qui le portent autour du cou, et aussi beaucoup de sécurité.

Sa principale vertu est de protéger l'utilisateur de la magie noire. Cela signifie un changement positif, de la chance et de la prospérité.

Quartz porte-bonheur pour 2025

Nous sommes tous attirés par les diamants, les rubis, les émeraudes et les saphirs, ce sont évidemment des pierres précieuses. Les pierres semi-précieuses telles que la cornaline, l'œil de tigre, le quartz blanc et le lapis-lazuli sont également très prisées, car elles sont utilisées comme ornements et symboles de pouvoir depuis des milliers d'années.

Ce que beaucoup de gens ne savent pas, c'est qu'ils n'étaient pas seulement appréciés pour leur beauté – chacun avait une signification sacrée et que leurs propriétés curatives étaient tout aussi importantes que leur valeur ornementale.

Les cristaux ont toujours les mêmes propriétés aujourd'hui, la plupart des gens connaissent les plus populaires tels que l'améthyste, la malachite et l'obsidienne, mais actuellement, il existe de nouveaux cristaux tels que le larimar, la pétaline et la phénakite qui sont devenus connus.

Un cristal est un corps solide avec une forme géométriquement régulière, les cristaux se sont formés lors de la création de la Terre et ont continué à se métamorphoser au fur et à mesure que la planète changeait, les cristaux sont l'ADN de la Terre, ce sont des entrepôts miniatures qui contiennent le développement de notre planète sur des millions d'années.

Certains ont été soumis à des pressions extraordinaires et d'autres ont grandi dans des chambres enterrées, d'autres ont ruisselé. Quelle que soit la forme qu'ils prennent, leur structure cristalline peut absorber, stocker, concentrer et émettre de l'énergie.

Au centre du cristal se trouve l'atome, ses électrons et ses protons. L'atome est dynamique et est composé d'une série de particules qui tournent autour du centre en mouvement continu, de sorte que même si le cristal peut sembler immobile, il s'agit en fait d'une masse moléculaire vivante qui vibre à une certaine fréquence et c'est ce qui donne au cristal son énergie.

Les pierres précieuses étaient une prérogative royale et sacerdotale, les prêtres du judaïsme portaient une cuirasse pleine de pierres précieuses qui était bien plus qu'un emblème pour désigner leur fonction, car elle transférait le pouvoir à ceux qui la portaient.

Les hommes utilisent les pierres depuis l'âge de pierre car elles avaient une fonction protectrice, protégeant le porteur de divers maux. Les cristaux d'aujourd'hui ont le même pouvoir et nous pouvons sélectionner nos bijoux non seulement en fonction de leur attractivité externe, mais les avoir près de nous peut augmenter notre énergie (cornaline), nettoyer l'espace autour de nous (ambre) ou attirer la richesse (citrine).

Certains cristaux tels que le quartz fumé et la tourmaline noire ont la capacité d'absorber la négativité, émettant une énergie pure et propre.

Porter une tourmaline noire autour du cou vous protège des fumées électromagnétiques, y compris celle des téléphones portables, une citrine attirera non seulement les richesses, mais vous aidera également à les préserver, elle vous placera dans la partie riche de votre maison (l'arrière le plus à gauche de la porte d'entrée).

Si vous êtes à la recherche de l'amour, les cristaux peuvent vous aider, placez un quartz rose dans le coin relationnel de votre maison (le coin arrière droit le plus éloigné de la porte d'entrée) son effet est si puissant qu'il est conseillé d'ajouter une améthyste pour compenser l'attraction.

Vous pouvez également utiliser de la rhodochrosite, l'amour viendra à vous.

Les cristaux peuvent guérir et donner de l'équilibre, certains cristaux contiennent des minéraux connus pour leurs propriétés thérapeutiques, la malachite a une forte concentration de cuivre, le port d'un bracelet en malachite permet au corps d'absorber des quantités minimales de cuivre.

Le lapis-lazuli soulage les migraines, mais si le mal de tête est causé par le stress, l'améthyste, l'ambre ou le turquoise placés sur les sourcils le soulageront.

Le quartz et les minéraux sont des joyaux de la terre mère, donnez-vous l'occasion et connectez-vous avec la magie qu'ils transmettent.

Cancer du quartz chanceux /2025

Pierre de lune. Utilisez la pierre de lune pour vous aider à avoir une vision claire de votre vie et pour vous aider à libérer les croyances limitantes et les barrières inconscientes afin que vous puissiez manifester consciemment vos désirs.

Tenez-le ou utilisez-le pendant que vous définissez vos intentions, tout en imaginant ce que vous voulez créer. Cela peut aider à stimuler votre processus créatif et à cristalliser votre vision.

Le Cancer est traditionnellement le signe associé à la pierre de lune. Le Cancer reflète l'essence yin nourrissante de la pierre de lune.

La pierre de lune vous aide également à vous endormir plus facilement en calmant l'insomnie et en permettant à votre corps de respirer facilement, de se reposer et de récupérer. Gardez une pierre de lune sous votre oreiller ou à côté de votre lit.

La pierre de lune est un outil merveilleux pour travailler avec les ombres car elle aide à apporter de la lumière à ce qui a été caché dans votre subconscient. Il offre un soutien enrichissant alors que vous creusez profondément pour réfléchir sur vous-même et chercher les réponses en vous-même. Gardez la pierre de lune près de vous pendant que vous faites ce travail, et elle encouragera une expression confiante, créative et douce des ombres que vous découvrez, et vous aidera à atteindre un lieu d'acceptation et de paix avec elles alors que vous apprenez à aimer et à embrasser tout votre être.

Compatibilité du Cancer et signes du zodiaque

Le Cancer est un signe d'eau symbolisé par un crabe marchant entre la mer et son rivage, une capacité qui se reflète également dans sa capacité à mélanger les états émotionnels et physiques.

 La perspicacité du Cancer qui vient de votre côté émotionnel se manifeste de manière tangible, et comme la confiance et l'honnêteté sont la clé de ce signe, il peut être un peu froid et distant au début.

Le Cancer révèle progressivement votre esprit doux, mais aussi votre compassion authentique et vos capacités psychiques. Si vous avez de la chance et que vous gagnez sa confiance, vous constaterez que malgré sa timidité initiale, il aime partager.

Pour cet amoureux, le partenaire est vraiment le meilleur cadeau et récompense les relations avec sa loyauté indéfectible, sa responsabilité et son soutien émotionnel. Il a tendance à être assez chaleureux et sa maison est un temple personnel, un espace où il peut exprimer sa personnalité.

Avec ses capacités domestiques, le crabe est aussi un hôte sublime. Ne soyez pas surpris si votre partenaire Cancer aime vous complimenter sur la nourriture faite maison, car il n'y a rien qu'il aime plus que la nourriture naturelle. Le Cancer se soucie aussi beaucoup de ses amis et de sa famille, il adore assumer des rôles de tuteur qui lui permettent de créer des liens passionnés avec ses compagnons les plus proches. Mais n'oubliez jamais que lorsque le cancer affecte une personne sur le plan émotionnel, vous risquez de brouiller la frontière entre le traitement et le contrôle.

Le Cancer a également une nature inconstante comme la Lune et une propension à l'instabilité. Le Cancer est le signe le plus sombre du zodiaque. Leurs partenaires doivent apprendre à apprécier leurs variations émotionnelles, et bien sûr, le Cancer a également besoin de contrôler leur sentimentalité.

Ses habitudes défensives ont un côté contrasté, et lorsqu'il se sent provoqué, il n'hésite pas à se mettre sur la défensive. Le Cancer doit se rappeler que les erreurs et les bagarres occasionnelles ne font pas de votre partenaire votre ennemi. En plus de cela, vous devez faire un effort énergique pour être présent dans vos relations.

Étant un signe émotionnel et introspectif, il est facile pour vous de vous replier sur vous-même la plupart du temps et si vous ne restez pas présent dans une relation, la prochaine fois que vous sortirez de votre coquille, votre partenaire ne sera peut-être plus à vos côtés. Le Cancer sait écouter et, une fois sorti de sa coquille, il est une éponge à émotions. Votre partenaire Cancer absorbera vos émotions, ce qui peut parfois vous soutenir, mais d'autres fois, elles peuvent être étouffantes. Il n'est pas facile de dire si le Cancer vous imite vraiment ou s'il a de l'empathie pour vous, mais parce qu'ils sont tellement interconnectés avec leur partenaire, il n'y a pas de différence.

Si le soutien émotionnel du Cancer entrave votre personnalité, il est préférable de le laisser partir. Ce signe très sensible est facilement contesté par l'opinion la plus subtile, et bien qu'il évite les conflits directs en marchant en biais, il peut également utiliser ses molaires.

Ce comportement insouciant et provocateur caractéristique est à prévoir, et il est rare de sortir avec le Cancer sans ressentir sa mauvaise humeur caractéristique au moins une fois.

En raison de la sensibilité du Cancer, il n'est pas facile de discuter avec lui, mais avec le temps, vous apprendrez quels mots dire et, peut-être plus important encore, ce qu'il faut éviter. Soyez conscient de ce qui dérange votre partenaire, et avec le temps, il deviendra plus facile d'avoir des dialogues difficiles. Il est important de savoir comment cette créature magique fonctionne dans ses meilleurs et ses pires moments. En fin de compte, la chose la plus importante à retenir est que le Cancer n'est jamais aussi détaché qu'il n'y paraît.

La chose la plus difficile avec le cancer est de traverser sa surface dure. Pour cette raison, la tolérance est essentielle lorsque l'on flirte avec le Cancer. Gardez un rythme lent et régulier, et au fil du temps, vous gagnerez en confiance pour révéler votre vrai moi. Bien sûr, cela peut être un processus long et compliqué, et la moindre erreur peut mettre le Cancer sur la défensive ; Par conséquent, deux pas en avant peuvent se transformer en un pas en arrière. Ne vous découragez pas, ce n'est pas personnel, c'est juste la physiologie d'un crabe.

Le Cancer peut avoir des rapports sexuels occasionnels, mais ce signe d'eau douce préfère les relations qui ont une intimité émotionnelle.

N'oubliez pas que le Cancer a besoin d'être complètement à l'aise avant de se débarrasser de son visage, ce qui est particulièrement important lorsqu'il s'agit de sexualité. Pour le Crabe, la confiance est alimentée par la proximité physique. Vous pouvez commencer à cultiver une relation sexuelle avec le Cancer en vous intégrant petit à petit, en tenant compte de leur rythme et de leurs caresses. Cela permettra au Cancer de se sentir plus à l'aise pour mélanger l'expression émotionnelle et physique, en s'assurant qu'il se sent protégé avant de commencer à faire l'amour.

Bien que le Cancer soit patient et ait tendance à être extrêmement loyal car il a besoin de se sentir protégé et compris par son partenaire, il peut rechercher l'intimité chez une autre personne s'il estime que ces exigences ne sont pas satisfaites.

Le cancer peut être très nocif, donc toute relation secrète sera calculée, et il faudra un crabe errant pour emporter sa malice dans la tombe, prendre des mesures supplémentaires pour empêcher la rencontre d'être découverte en enterrant les preuves au bord de la mer.

En fait, même le crabe le plus loyal aura des secrets, mais cela ne signifie pas qu'il est mauvais ou mauvais. Tout le monde mérite de garder certaines choses privées, et un peu de mystère ajoute une touche à la relation.

Il n'est pas facile pour le Cancer d'établir une relation sérieuse et engagée, et lorsqu'il se sent en sécurité, il ne veut pas que cela se termine.

Le Cancer a tendance à rester dans les relations même après que les étincelles se sont estompées parce que, tout simplement, le Cancer est un sentimental dans l'âme. Mais bien sûr, toutes les relations ne sont pas prédestinées à durer éternellement.

Ce signe d'eau n'a pas la prétention d'être vindicatif, mais quand son cœur est brisé, il sait comment fixer des limites. Supprimer son numéro de téléphone, le bloquer et ne plus le suivre sur les réseaux sociaux lui permet de se protéger du chagrin lors d'une rupture. Donc, si votre relation avec le Cancer prend fin, attendez-vous à recevoir une liste détaillée de règles. Le Cancer peut être idéaliste, et ce signe d'eau est certainement à la recherche de votre transcription d'une romance. Cependant, il interagit différemment avec chaque signe du zodiaque.

Cancer et Bélier, c'est une relation difficile. L'attitude ambitieuse du Bélier diffère de la profonde tendresse du Cancer. En conséquence, le Bélier peut se sentir étouffé par le besoin du Cancer, et le Cancer peut se sentir abandonné par la nature positiviste du Bélier.

Le Cancer est également gêné par les conflits directs et, comme son symbole astrologique, le crabe, préfère esquiver les situations difficiles plutôt que d'affronter les conflits de front, ce qui est la forme la plus courante du Bélier. Les Béliers n'aiment pas vraiment ces tendances passives, donc cette relation peut parfois être difficile.

Lorsqu'il collabore avec le Bélier, le Cancer devrait adopter une perspective plus directe dans la résolution des conflits. Le Bélier appréciera votre sang-froid et ce raisonnement permettra aux deux signes de créer une union indestructible. S'ils apprennent à respecter, ils peuvent s'attendre à une relation durable basée sur l'amour et le soutien.

Le Cancer et le Taureau sont romantiques et savent comment s'apporter mutuellement le soutien émotionnel dont ils ont besoin. Bien qu'ils aient tendance à être possessifs, le Taureau apporte sécurité et loyauté au sensible Cancer, et le style de séduction doux du Cancer les séduit.

Les frictions ne surviennent que lorsqu'ils commencent tous les deux à se plaindre l'un de l'autre. Si le Cancer grince assidûment ses tenailles, le Taureau commencera à concentrer ses ressentiments, ce qui finira par exploser en une corrida titanesque. Favorablement, vous pouvez éviter les tensions en maintenant un dialogue sincère et en appréciant les dons des autres.

Le Cancer et les Gémeaux sont une relation amusante. Le Cancer, sensible et aquatique, a besoin de beaucoup d'affection de la part de son partenaire pour se sentir en sécurité et aimé. Tout d'abord, vous vous demandez peut-être comment les Gémeaux spontanés, qui jouissent d'une telle liberté pour explorer leurs différents intérêts, peuvent s'intégrer. Cependant, étant un signe d'air changeant, il est également très flexible.

Si le Cancer est en mesure de notifier clairement vos besoins, Gemini s'efforcera d'y répondre. Les Gémeaux peuvent également être assez distants et solitaires, tandis que le Cancer est une trombe d'émotions, mais tant que les Gémeaux sont prêts à sympathiser avec le Cancer, cela peut être une relation attentionnée et assez amusante.

Le Cancer et le Cancer peuvent être une relation durable. Quand deux crustacés se rencontrent, c'est une histoire d'amour. Sensibles et instinctifs, ils savent faciliter le soutien émotionnel auquel l'autre personne aspire.

Les deux sont chaleureux et apprécieront de passer du temps ensemble, bercés dans le lit ou sur le canapé, ou de créer une atmosphère chaleureuse dans l'endroit que vous partagez. Cependant, des difficultés peuvent survenir lorsqu'ils se sentent très à l'aise.

Si ces amoureux de l'océan se souviennent de s'encourager mutuellement et d'ouvrir leurs visages durs pour se faire entièrement confiance, cela pourrait être une relation immortelle.

Le Cancer et le Lion, ce qui n'est pas exactement une combinaison facile, ne signifie pas que c'est peu probable, car il est intéressant de noter que le crabe et le lion ont en fait beaucoup en commun. À leur manière, le Cancer et le Lion ont tous deux besoins d'amour, de gratitude et de validation.

Alors que le dramatique Lion recherche l'éloge et la fidélité, le sensible Cancer veut qu'on ait besoin de lui et qu'on le comprenne. La recette du conflit entre ces signes est tout à fait évidente.

Leo, étant si dramatique et avide des applaudissements de son environnement, ajouté au Cancer, familier, fait que ce dernier se sent mal aimé, ce qui conduit Leo à prendre personnellement la sécheresse du Cancer et ici ils commencent à se battre.

Cependant, si le Cancer et le Lion gèrent tous deux leurs sentiments, il n'est pas difficile d'éviter ce type de conflit.

Un dialogue ouvert et beaucoup de tendresse aideront à renforcer cette relation d'amour.

Le Cancer et la Vierge, bien qu'il y ait des différences évidentes entre eux, car le Cancer est guidé par les émotions, tandis que la Vierge est motivée par la logique, peuvent former un couple vigoureux, bien qu'il faille un peu de maquillage pour le faire.

Au fur et à mesure que le Cancer et la Vierge apprennent à se connaître, la relation connaît de nombreux trébuchements et passe souvent à autre chose et prend du retard. Cependant, une fois la confiance établie, ce couple est vraiment profond. Bien qu'aucun de vous ne soit attiré par le fait de parler de ses sentiments au début, si vous faites tous les deux le même effort, vous pouvez trouver la sécurité dans le respect mutuel et la confiance en vous.

Cancer et Balance, au début de la parade nuptiale, l'attitude fermée du Cancer confond la Balance, qui travaille sans relâche pour essayer d'impressionner le crustacé sourd. Au lieu de cela, la communication et le comportement très coquet de la Balance rendent le Cancer méfiant quant à ses intentions.

Sarcastiquement, le Cancer et la Balance craignent que l'autre signe ne les contredise. Cependant, une fois que le Cancer accepte la particularité de la Balance et comprend l'esprit tendre du Cancer, les deux peuvent se rapporter harmonieusement.

Le Cancer et le Scorpion appartiennent à l'élément eau, ici la relation est douce. Le Cancer est une créature considérablement sensible, il doit donc établir sa familiarité et sa loyauté avant de montrer ses faiblesses.

En conséquence, le Scorpion est un merveilleux compagnon pour le délicat crustacé.

Cette connexion est basée sur une intuition profonde et des capacités psychiques ; ainsi, le Cancer et le Scorpion peuvent souvent communiquer avec des formes d'expression non orales. Le Cancer et le Scorpion peuvent être très impulsifs, tous deux portent beaucoup d'émotions avec eux, mais ils savent comment s'entraider, éclairant le chemin vers leurs moments les plus sombres. En fin de compte, ils recherchent tous les deux la même chose : l'intimité.

Le Scorpion est très possessif, donc le Cancer devrait être capable de s'adapter en montrant à plusieurs reprises son amour.

Le Cancer et le Scorpion aiment la belle vie. Ayez une maison majestueuse ornée de luxe.

Cancer et Sagittaire, c'est une relation difficile, mais pas impossible. Au début, chacune de ces deux énergies très différentes peut être attirée par les différences de l'autre.

Le Sagittaire parle rapidement et est renforcé par l'esprit du Cancer, tandis que le crustacé est envoûté par la délicatesse sans effort du Sagittaire optimiste. Le besoin d'aventure du Sagittaire ne va pas bien avec les désirs domestiques du Cancer.

Dans un couple avec des personnes de ces signes de Cancer, vous devez vous rappeler que la maison n'est pas un territoire, mais un état d'esprit.

De même, le Sagittaire devra comprendre que la stabilité ne signifie pas Dudgeon. S'ils sont prêts à changer un peu leurs notes, il y a beaucoup d'attentes pour cette relation.

Le Cancer et le Capricorne, bien qu'astrologiquement opposés, partagent des valeurs similaires : ils se soucient tous deux beaucoup de leur famille et de leurs amis, et aussi de la construction d'un avenir durable. Bien qu'apparemment moins émotif que le Cancer, le travailleur Capricorne apprécie profondément la sensibilité du Cancer.

D'un autre côté, la perspicacité du Cancer peut apporter une spiritualité bien nécessaire à la praticité du Capricorne.

La relation Cancer-Capricorne est parfaite car les deux signes aiment nicher et construire des espaces sûrs.

Cependant, comme ils ont tous les deux peurs du changement, le Cancer et le Capricorne doivent travailler dur pour que leur relation ne stagne pas.

Après tout, ils n'ont pas besoin de se blottir au coin du feu tous les soirs de la semaine. Il est également normal de s'amuser à l'extérieur de la maison de temps en temps.

Cancer et Verseau, bien que cette relation puisse sembler étrange au premier abord (le Cancer est assez traditionnel, tandis que le Verseau est extrêmement progressiste), les deux signes sont en fait des penseurs innovants avec des idées brillantes sur la façon de vivre de manière créative et percutante dans le monde.

Leurs points de vue, cependant, sont très différents. Les vues du Cancer reflètent toujours leur réalité immédiate, alors que le Verseau théorise à 30 000 pieds. En conséquence, il peut y avoir une certaine discorde dans un couple Cancer-Verseau.

Ils doivent s'efforcer de faire en sorte que les besoins de chacun soient pris en compte.

Cancer et Poissons, c'est une relation dans laquelle le crabe peut enfin trouver son partenaire amoureux. S'il y a une chose qu'un poisson et un crabe ont en commun, c'est qu'ils donnent tous les deux à l'amour la position la plus importante dans leur vie.

Ils pensent tous les deux que l'amour est la force motrice et qu'il nous donne la force de fonctionner dans la vie. La force de la passion qu'ils ressentent tous les deux pour leur partenaire les fait courir et tomber dans les bras l'un de l'autre.

La seule difficulté est que les Poissons marchent toujours sur des nuages et ignorent l'avenir, ce qui est crucial pour le Cancer. Si le crustacé ne voit pas ses plans se réaliser, il choisit de rompre la relation.

Mais en général, ils ont des sentiments similaires, ce qui fera d'eux un couple envié. Les deux aiment partager intimement, et la chaleur du Cancer et des Poissons suggère une relation engagée dans laquelle il sera facile de parvenir à un consensus.

Cancer et vocation

En tant qu'avocat ou psychanalyste, le cancer peut aider les gens. L'océanographie est notamment l'une des vocations du Cancer, car le crabe est leur symbole du zodiaque avec un lien fort avec la mer. Être chef ou boulanger leur permettrait d'exercer leurs compétences créatives et de nourrir leurs clients avec leurs repas.

Les meilleurs métiers

Le cancer est à l'extérieur, mais très délicat à l'intérieur. Ce signe gouverné par la Lune est très énigmatique. Ils sont très énergiques, imaginatifs et protecteurs. Le cancer se distingue dans les professions infirmières, psychologiques, juridiques, pédagogiques et de soins aux adultes.

Signaux avec lesquels vous ne devriez pas trader

Verseau et Gémeaux, parce que le Cancer a tendance à vivre dans le passé, le Verseau et les Gémeaux ne regardent jamais en arrière. Ils ne se comprennent pas et sont submergés par les ondes négatives.

Signes de partenariat avec

Poissons et Sagittaire. Ce sont des panneaux polyvalents qui s'adaptent à toutes les circonstances. Ils sont très doués pour rechercher des clients et des contacts.

El Stress. Un obstacle sur la route de 2025

Nous essayons souvent tellement d'atteindre nos objectifs que nous finissons par être stressés et frustrés de ne pas avoir obtenu les résultats que nous voulons.

Évitez d'avoir du stress car cet état est un piège qui empêche la prospérité d'entrer dans votre vie. Si vous êtes stressé, cela signifie que vous vivez dans un état de manque.

Vous êtes peut-être sous pression financière, mais le maintien d'un état intérieur calme est un élément décisif pour atteindre votre objectif de prospérité. Lorsque vous êtes détendu et sans anxiété, toutes les bonnes choses commencent à se produire parce que vous êtes en phase avec vos aspirations au lieu de perdre ce que vous visez.

Le stress ne vous sera bénéfique du tout. Avoir tellement envie de quelque chose que cela provoque du stress n'en vaut pas la peine. Se laisser emporter par l'Univers, être dans l'ici et maintenant et profiter du moment présent sont essentiels pour réaliser tout ce que vous désirez.

Concentrez-vous sur l'avenir et répétez des affirmations positives afin de renforcer votre estime de soi et de reprogrammer votre esprit. Apprenez à être satisfait de ce que vous avez maintenant.

Nous nous sommes tous sentis stressés face à des exigences extrêmes ou à des changements soudains. Mais certaines personnes sont tellement accros au stress qu'elles en font un mode de vie.

Ne rêvez pas ne serait-ce qu'une minute de votre vie qu'aucun d'entre nous n'aura une vie totalement sans stress, pour cela vous devriez choisir une autre planète (et je n'ai consciemment été sur personne, donc je ne peux pas vous donner de conseils).

Le stress n'est pas toujours nocif. Un aspect qui sépare le stress inoffensif du stress nocif qui vous rend malade est la durée du temps.

Nous avons tous la capacité de faire face à des périodes de stress temporaires, à condition qu'elles ne soient pas trop douloureuses et épuisantes. Le problème se pose lorsque nous restons stressés pendant de longues périodes, car le corps humain n'a pas été conçu pour cela.

Malheureusement, chaque jour, notre environnement devient plus stressant et nous ressemblons à des papillons piégés dans les filets du stress. Mais nous ne vivons pas tous le stress de la même manière car, bien que les causes externes échappent à notre contrôle, il en faut plus que celles-ci pour que le stress nous nuise.

Les défis que la vie nous pose ne sont pas aussi importants que notre monde intérieur. C'est-à-dire la façon dont nous pensons, ressentons et nous comportons en réponse à ces circonstances. Le stress est une illusion formée par notre esprit pour réguler la façon dont nous voyons le monde.

Dites-moi combien de fois cette chose dont vous avez si peur ?
Nous ressentons tous la peur, dans une plus ou moins grande mesure, la plupart du temps dans notre vie que quelque chose de chaotique se produise dans nos vies.

Il est nécessaire de se rappeler de nos jours que l'illusion du stress se nourrit de notre prétention à deviner l'avenir. Nous aspirons à l'obligation de prévoir l'avenir, de le garder en vue. Cette obsession, avoir le pouvoir et le contrôle, est ce qui alimente le stress.

De l'autre côté de la médaille, il y a des gens qui ont peur de perdre toutes les bénédictions et les choses matérielles qu'ils ont. J'ai des nouvelles pour tous ces gens : s'ils perdent tout, même leur vie.
Personne n'est né pour semer et quand on sort on n'emporte rien de ce monde. Mais en attendant, profitez de ce voyage qui a ses hauts et ses bas, acceptez les défis et les changements, n'anticipez pas et ne stressez pas.

Il y a un cadeau caché dans le stress. Sous toute cette anxiété, vous avez une forte personnalité qui attend que vous lui ouvriez la porte. La clé n'appartient qu'à vous.

Les personnes qui vivent en paix atteignent la prospérité plus rapidement.

Narcissisme numérique

Le narcissisme, un trouble de la personnalité aux causes multiples et compliquées, est devenu un problème très grave. Vivant dans un système impitoyablement égoïste, avec une obsession avide de l'acquisition du pouvoir économique, et dans une société qui popularise la concurrence agressive dans toutes les sphères de la vie, les comportements narcissiques se sont aggravés.

Les médias sociaux sont devenus le terreau idéal pour toutes sortes de comportements narcissiques. La capacité de fabriquer une image améliorée, embellie et améliorée, de gagner des admirateurs et l'approbation par le biais de « likes » ou de followers, attire les personnes atteintes de ce trouble de la personnalité.

Un narcissique est quelqu'un qui exige une admiration exagérée, qui a une aura irrationnelle de supériorité et qui utilise les autres à son avantage. Ce sont des gens vaniteux et arrogants.

Comment pouvez-vous les identifier ? Si vous vous promenez sur Instagram ou Facebook, vous remarquerez le nombre de personnes qui vivent constamment pour l'affichage permanent de leur physique à travers des images provocantes.

Ils le font pour contrer leur complexe d'infériorité et leur manque d'estime de soi. Il y en a d'autres qui essaient de communiquer une vie parfaite au-dessus des obstacles réels, ou d'établir des liens émotionnels afin de recevoir des éloges, puis d'offenser et de dénigrer publiquement quiconque essaie de les contredire.

Certains cherchent la compassion en exagérant publiquement tout malaise ou malheur subi afin de gagner la considération et le soutien de leurs adeptes, et il y a ceux qui espèrent obtenir des éloges et des félicitations après des déclarations publiques dans lesquelles ils se rabaissent et se présentent comme une personne humble, alors que derrière cette modestie suffisante et cette simplicité excessive ce qui est vraiment caché est une fierté extrême qui doit être réaffirmée de manière récurrente.

L'effet décomplexé et empathique que les médias numériques facilitent contribue à la diffusion narcissique. Sur les réseaux sociaux, ils ont un chemin libre pour projeter tout ce qu'ils aimeraient être et ne sont pas. Ces comportements sont typiques des individus qui manquent émotionnellement d'affection.

Nous devons protéger nos enfants, leur inculquer l'utilisation consciente et responsable des réseaux, et les éduquer à s'accepter avec leurs vertus et leurs défauts.

Les adultes qui rejettent leur propre vie et présentent une figure qui n'est pas vraiment à la recherche d'une approbation sociale continue devraient rechercher un équilibre sain entre le monde virtuel et la réalité.

Evitez de vous comparer aux autres, rappelez-vous que les réseaux n'exposent qu'une petite partie de la vie, ils ne nourrissent pas le désir de validation.

Il n'est pas nécessaire de fermer les réseaux sociaux, mais de mettre en place certaines limites à leur utilisation car, aussi beau et amusant que cela puisse paraître, l'habitude de voir des « likes » sur les réseaux sociaux génère de l'addiction, de l'angoisse et de la surcharge.

Le narcissisme n'est pas lié à la totalité du temps passé sur les réseaux sociaux, le narcissisme est lié aux raisons pour lesquelles les réseaux sociaux sont utilisés de manière compulsive.

Il y a tellement de vanité somptueuse, tant de gens qui ont besoin d'être le centre de l'Univers, même s'ils doivent participer à un comportement inapproprié, embarrassant ou anormal, qui suscitent des inquiétudes.

Cette vague de narcissisme numérique a des implications dans le monde réel. L'une des plus troublantes est que les personnes ayant des traits narcissiques sont plus susceptibles de s'intéresser à la politique.

Parce que les médias sociaux amplifient ces effets, ceux qui dominent le discours public et les débats médiatiques sont favorisés, le nombre de « j'aime » étant considéré comme un indicateur fiable du niveau de connaissances et de potentiel de cette personne.

Actuellement, il y a des narcissiques sur les réseaux sociaux qui promeuvent la haine envers les personnes qui pensent mal ou différemment, cela est destructeur pour le changement social car ils ne construisent pas d'alliances, ils ne font que promouvoir les divisions.

Nous avons besoin de plus d'éducation sur ce phénomène pour réduire les effets néfastes qu'il a sur le plan psychologique, tant pour ceux qui souffrent de la maladie que pour ses victimes, les réseaux sociaux ont définitivement augmenté les cas de narcissisme créant un environnement dans lequel le nombre de likes et de followers est une mesure du succès et de la popularité.

Lune dans le signe du Cancer

Le Cancer est le signe le plus émotionnel du zodiaque, car il agit au niveau des sentiments et des émotions.

La Lune gouverne le signe du Cancer, ce qui signifie que la Lune dans ce signe a la capacité d'exprimer et d'explorer ouvertement toutes les émotions. Parfois, les personnes ayant la Lune en Cancer sont esclaves de leurs émotions et luttent pour les contrôler.

Si votre Lune est dans le signe du Cancer, les liens émotionnels sont très importants pour vous. En fait, vous devez avoir des liens émotionnels avec d'autres personnes pour survivre.

Les liens que vous partagez sont ce qui vous aide à vous rappeler que vous n'êtes pas seul et que le désir de soutien émotionnel signifie que vous voulez avoir l'impression de faire partie d'un tout.

Cependant, vous devez vous rappeler que vous devez prendre soin de vos propres besoins, car sinon, vous risquez de devenir dépendant du soutien émotionnel des autres.

La Lune en Cancer a un fort instinct maternel et vous fait vous sentir en sécurité lorsque vous savez que les personnes que vous aimez sont protégées.

Lorsque vous ne vous connectez pas émotionnellement avec les autres, vous l'interprétez comme quelque chose pour lequel vos besoins émotionnels ne sont pas satisfaits, quelque chose dont vous avez vraiment besoin pour survivre. Si cela se produit, votre âme entrera dans un état de terreur parce que vous ne pouvez pas vraiment survivre si vous ne répondez pas à ces besoins. Leur peur la plus sombre est d'être seuls au monde.

La personne avec la Lune en Cancer lorsqu'elle se sent menacée, sa réaction est de se cacher et d'essayer de rétablir ses liens émotionnels.

La sûreté et la sécurité sont la chose la plus importante pour le cancer ; Ainsi, les habitudes et la routine réconfortent ces personnes. Plus vos environnements sont sûrs, plus vous vous sentirez en sécurité.

Dans les relations amoureuses, ils se sentent plus protégés lorsqu'ils ont un lien profond avec leur partenaire et ont besoin de croire que celui-ci prendra leurs sentiments en considération.

Lorsque vous reconnaissez que vous pouvez répondre à vos besoins de survie sans le soutien des autres, vous serez en mesure de créer de meilleurs liens émotionnels avec les personnes dans votre vie.

Vous devez être conscient de vos attentes et de vos désirs de soutien émotionnel.

L'importance du signe ascendant

Le signe solaire a un grand impact sur qui nous sommes, mais l'Ascendant est ce qui nous définit vraiment, et cela pourrait aussi être la raison pour laquelle vous ne vous identifiez pas à certains traits de votre signe du zodiaque.

Vraiment, l'énergie que votre signe solaire vous donne vous fait vous sentir différent du reste des gens, pour cette raison, lorsque vous lisez votre horoscope, vous vous sentez parfois identifié et donnez un sens à certaines prédictions, et cela se produit parce que cela vous aide à comprendre ce que vous pourriez ressentir et ce qui vous arrivera, mais cela ne montre qu'un pourcentage de ce que cela pourrait vraiment être.

L'Ascendant, en revanche, diffère du signe solaire parce qu'il reflète superficiellement qui nous sommes, c'est-à-dire comment les autres vous voient ou l'énergie que vous transmettez aux gens, et c'est tellement réel qu'il se peut que vous connaissiez quelqu'un et si vous prédisez votre signe, il est possible que vous ayez découvert votre signe ascendant et non votre signe solaire.

 En bref, les caractéristiques que nous voyons chez quelqu'un lorsque nous le rencontrons pour la première fois sont l'Ascendant, mais parce que nos vies sont affectées par la façon dont nous interagissons avec les autres, l'Ascendant a un grand impact sur notre vie quotidienne.

Il est un peu complexe d'expliquer comment le signe de l'Ascendant est calculé ou déterminé, car ce n'est pas la position d'une planète qui le détermine, mais le signe qui est apparu à l'horizon oriental au moment de votre naissance, contrairement à votre signe solaire, dépend de l'heure exacte de votre naissance.

Grâce à la technologie et à l'Univers aujourd'hui, il est plus facile que jamais de connaître cette information, évidemment si vous connaissez votre heure de naissance, ou si vous avez une idée de l'heure, mais il n'y a pas de marge de plus d'heures, car il y a beaucoup de sites qui font le calcul en entrant les données, astro.com est l'un d'entre eux, mais il y en a une infinité.

De cette façon, lorsque vous lisez votre horoscope, vous pouvez également lire votre Ascendant et connaître des détails plus personnalisés, vous verrez qu'à partir de maintenant, si vous faites cela, votre façon de lire l'horoscope changera et vous saurez pourquoi le Sagittaire est si modeste et pessimiste si en réalité ils sont si exagérés et optimistes, et cela peut être parce qu'ils ont un Ascendant Capricorne, ou parce que ce collègue Scorpion parle toujours de tout, ne doutez pas qu'il a un Ascendant Gémeaux.

Je vais résumer les caractéristiques des différents Ascendants, mais celle-ci est aussi très générale, puisque ces caractéristiques sont modifiées par les planètes en conjonction avec l'Ascendant, les planètes qui ressemblent à l'Ascendant, et la position de la planète dominante du signe sur l'Ascendant.

Par exemple, une personne avec un Ascendant Sagittaire avec sa planète dominante, Jupiter, en Bélier réagira à son environnement légèrement différemment qu'une autre personne, même avec un Ascendant Sagittaire, mais avec Jupiter en Scorpion.

De même, une personne avec un Ascendant Poissons qui a un Ascendant Saturne conjoint se « comportera » différemment de quelqu'un avec un Ascendant Poissons qui ne leur ressemble pas.

Tous ces facteurs modifient l'Ascendant, l'astrologie est très complexe, et les horoscopes ne sont pas lus ou faits avec des cartes de tarot, car l'astrologie n'est pas seulement un art mais aussi une science.

Il peut être courant de confondre ces deux pratiques et c'est parce que, bien qu'il s'agisse de deux concepts totalement différents, ils ont certains points communs. L'un de ces points communs repose sur son origine, à savoir que les deux procédures sont connues depuis l'Antiquité.

Ils sont également similaires dans les symboles qu'ils utilisent, car ils ont tous deux des symboles ambigus qui doivent être interprétés ; Par conséquent, il nécessite une lecture spécialisée, et vous devez avoir une formation pour savoir comment interpréter ces symboles.

Il existe des milliers de différences, mais l'une des principales est que si dans le tarot, les symboles sont parfaitement compréhensibles au premier coup d'œil, car ce sont des cartes figuratives, bien qu'il faille savoir bien les interpréter, en astrologie, nous observons un système abstrait que vous devez connaître à l'avance pour les interpréter, et bien sûr, il faut dire que bien que nous puissions reconnaître les cartes de tarot, Tout le monde ne peut pas les interpréter correctement.

L'interprétation est également une différence entre les deux disciplines, car alors que le tarot n'a pas de référence temporelle exacte, puisque les cartes ne sont placées dans le temps que grâce aux questions posées dans la diffusion correspondante, en astrologie, il est fait référence à une position spécifique des planètes dans l'histoire, et les systèmes d'interprétation utilisés par les deux sont diamétralement opposés.

Le thème astral est la base de l'astrologie et l'aspect le plus important pour faire la prédiction. Le thème astral doit être parfaitement préparé pour que la lecture soit réussie et en apprendre plus sur la personne.

Pour faire un thème astrologique, il est nécessaire de connaître toutes les données relatives à la naissance de la personne en question.

Il est nécessaire de savoir exactement, depuis le moment exact où elle a accouché, jusqu'à l'endroit où elle a accouché.

La position des planètes au moment de la naissance révélera à l'astrologue les points dont il a besoin pour préparer le thème astral.

L'astrologie ne consiste pas seulement à connaître votre avenir, mais aussi à connaître les points importants de votre existence, à la fois présents et passés, afin de prendre de meilleures décisions pour décider de votre avenir.

L'astrologie vous aidera à mieux vous connaître, afin que vous puissiez changer les choses qui vous retiennent où améliorer vos qualités.

Et si le thème astral est la base de l'astrologie, la diffusion du tarot est fondamentale dans cette dernière discipline. Tout comme celui qui fait le thème astrologique, le médium qui fait la diffusion du tarot, sera la clé de la réussite de votre lecture, de même la meilleure chose à faire est de demander aux lecteurs des cartes de tarot recommandées, et bien qu'il ne puisse certainement pas vous répondre concrètement à tous les doutes que vous avez dans votre vie, Une bonne lecture du tarot se propage, et les cartes qui sortent dans cette page vous aideront à vous guider dans les décisions que vous prenez dans votre vie.

En résumé, l'astrologie et le tarot utilisent la symbologie, mais la question principale est de savoir comment toute cette symbologie est interprétée.

Vraiment, une personne qui maîtrise les deux techniques sera sans aucun doute d'une grande aide aux personnes qui vous demandent des conseils.

De nombreux astrologues combinent les deux disciplines et une pratique régulière m'a appris que les deux ont tendance à très bien couler, fournissant une composante enrichissante dans tous les sujets de prédiction, mais ils ne sont pas les mêmes et vous ne pouvez pas faire un horoscope avec des cartes de tarot, ni vous ne pouvez faire une lecture de tarot avec une carte astrologique.

Le cancer en hausse

Les personnes avec cet Ascendant évitent les conflits dans la mesure du possible. Ces personnes ont besoin d'apprendre à comprendre leurs propres rythmes, car elles s'accrochent à leurs sentiments et ne les lâchent pas jusqu'à ce qu'un autre sentiment plus fort émerge.

Les émotions et la recherche de la sécurité sont les choses les plus importantes pour les personnes ayant cet Ascendant.

Un Ascendant Cancer qui essaie de se retrouver dans le reste des gens absorbera les émotions négatives de l'autre. En étant si empathiques envers les autres, ils peuvent penser que les sentiments négatifs qu'ils perçoivent sont les leurs.

Il est nécessaire pour cet Ascendant d'apprendre à bien distinguer d'où viennent ces émotions afin qu'elles ne restent pas coincées dans les souvenirs du passé

L'empathie de cet Ascendant lui permet d'avoir une excellente perception de l'environnement, mais son but sera toujours de rechercher une relation qui lui offre sécurité et stabilité.

Bélier – Cancer Ascendant

Cette combinaison zodiacale est en conflit l'une avec l'autre, étant donné la forte énergie du Bélier et la tendance à éviter les conflits du signe du Cancer. La vie de ces personnes peut être sujette à des changements constants.

Ces personnes aiment assister à des événements sociaux et partager avec leurs amis et leur famille.

Dans le domaine de l'activité, ils se concentrent et s'efforcent de réussir et de consolider leurs projets. Quelle que soit la profession qu'ils exercent, s'ils font l'effort, ils seront en mesure de réaliser ce qu'ils ont prévu de faire.

En amour, ils mettent leur dignité au-dessus de tout, ce qui peut provoquer des conflits. Bien qu'ils soient toujours très généreux, empathiques et protecteurs.

Les personnes d'ascendance cancéreuse sont influencées par la famille et peuvent la manipuler.

Taureau – Cancer Ascendant

Cette combinaison astrale valorise vos amitiés, les considérant comme faisant partie de votre famille. Ce sont des personnes solidaires et empathiques.

Au travail, ils réussissent grâce à ce charisme amical et empathique, car ils savent bien traiter les gens et sont toujours récompensés pour ce caractère.

En amour, même si leurs sentiments sont forts, ils accordent une grande valeur à la liberté et à la confiance. Ce seront des émotions fondamentales pour pouvoir préserver vos relations. Cependant, ils peuvent parfois prendre de mauvaises décisions.

Les émotions et la sensibilité sont les plus grandes difficultés pour ces personnes, car elles peuvent causer des problèmes psychosomatiques.

Gémeaux – Ascendant Cancer

Les Gémeaux avec des ascendants en Cancer sont des personnes ayant de grandes compétences en communication.

Pour ces personnes, le plus important est de trouver un emploi où elles peuvent développer leur créativité et se sentir à l'aise avec ce qu'elles font et avec qui elles se connectent.

Parfois, un manque d'estime de soi peut ne pas leur permettre de réaliser leur plein potentiel.

En général, ils sont beaucoup plus sensibles et empathiques, mais en amour, se sentir en sécurité et apprécié est un besoin primordial.

Certains se cachent de tout conflit, car la peur d'être exposés les terrifie.

Cancer – Cancer ascendant

Cette combinaison de signes renforce les caractéristiques du cancer. Ce sont les personnes les plus affectueuses et protectrices de tout le zodiaque.

Cancer avec Cancer ascendant vit intensément ses émotions, ce qui lui permet d'être extrêmement perceptif des émotions des autres.

Dans le domaine du travail, ils ne sont pas très compétitifs. Ils essaient toujours de trouver une position confortable où ils n'ont pas à faire d'efforts, mais qui leur permet de vivre sans soucis.

Dans leurs relations amoureuses, ils ont tendance à idéaliser leur partenaire, à s'aliéner de la réalité. Ils cèdent généralement sans hésiter aux désirs de ceux qu'ils aiment. Parfois, ils sont instables et manquent de contrôle émotionnel dans leur vie.

Lion – Cancer Ascendant

Le Lion avec Ascendant en Cancer est une personne très protectrice, ils aiment le luxe, mais ils aiment les partager avec ceux qui appartiennent à leur cercle le plus proche. Pour ces personnes, leurs proches sont la priorité de leur vie, et ils aiment les couvrir de cadeaux.

Pour cet Ascendant, c'est une priorité d'avoir une stabilité financière car cela lui offre beaucoup de sécurité. L'accès aux ressources économiques leur permet de vivre comme ils le souhaitent. Ils s'efforcent de trouver un moyen d'être financièrement prospères.

Dans le domaine du travail, ils aiment acquérir de nouvelles connaissances et lancer des projets, car ce sont des personnes entreprenantes avec un grand esprit combatif.

En amour, ils peuvent être très jaloux et manipulateurs avec leur partenaire.

Certains utilisent le statut social et les possessions matérielles comme paramètres pour évaluer les gens, n'appréciant que les apparences.

Vierge – Le Cancer en hausse

Les Vierges avec l'Ascendant Cancer sont des personnes qui ont de grandes compétences en communication et une imagination et une intelligence incroyables.

Ils ont des compétences sociales étonnantes car ils sont intéressés à avoir beaucoup de relations et sont également très agréables à traiter.

En amour, ils se concentrent sur la famille ; C'est le genre de personnes avec lesquelles construire une famille solide.

Parfois, ils sont timides, mais quand vous les rencontrez, ils sont fascinants.

Balance – Ascendant Cancer

La Balance avec l'Ascendant en Cancer est une union de signes affectueux et expressifs. Cette combinaison est toujours couronnée de succès, surtout dans les relations.

Ces personnes seront toujours à la recherche de la stabilité et se fonderont un foyer.

Avec le reste des relations, ce sont des personnes équilibrées et ils savent mettre de l'ordre et être des médiateurs si nécessaire.

Parfois, ils aiment jouer le rôle de victimes, en projetant leurs erreurs.

Scorpion – Ascendant en Cancer

Cette union de deux signes de l'élément eau renforce les caractéristiques typiques de l'élément. La sensibilité de cette combinaison est remarquable.

Ces personnes ont besoin de réfléchir et d'analyser chaque opportunité afin de pouvoir vraiment discerner ce qui les intéresse.

Dans le domaine du travail, ils peuvent ne pas avancer comme ils le souhaiteraient, car ils ont parfois tendance à être pessimistes.

La façon dont ils donnent de l'affection est liée à leurs intérêts artistiques. Dans leurs relations, ils ne se limitent pas régulièrement à leur partenaire, mais deviennent très permissifs.

Ils peuvent confondre passion et amour, et maintenir une relation stable peut être difficile.

Sagittaire – Le cancer en hausse

Le Sagittaire avec Ascendant en Cancer est une personne super intuitive, mais avec d'excellentes facultés pour les travaux pratiques. Ils comptent sur leurs compétences pour faire n'importe quel travail.

Ils sont très concentrés et équilibrés et aiment partager avec leur famille. Cependant, le désir d'être accepté et aimé les amène à prendre de mauvaises décisions.

Ils peuvent mettre tellement d'efforts dans leur travail que cela peut même nuire à leur santé et à leurs relations. Ils adorent blâmer les autres, même s'ils font toujours les mêmes erreurs.

Capricorne – Ascendant Cancer

Cette combinaison du zodiaque se complète. La sensibilité du Cancer, combinée à la discipline du Capricorne, donne lieu à des personnes condescendantes qui apprécient les engagements.

En amour, ils préfèrent partager leur vie avec quelqu'un en qui ils peuvent avoir confiance. Ce sont des individus très responsables et honnêtes qui recherchent la même chose dans une relation.

Au travail, ils sont impliqués dans plusieurs projets à la fois, mais ils sont indépendants et conformes.

Il y a une tendance pour ces personnes à rester dans une relation qui devrait se terminer en raison d'un manque d'affection, car la maintenir par tradition semble être la bonne chose à faire.

Verseau – Cancer Ascendant

Les personnes atteintes de cette grippe sont extrêmement protectrices. Parfois, ils ont tendance à être déséquilibrés, parce que parfois ils sont guidés par la raison et non par l'intuition

Dans le domaine du travail, ce sont des gens qui réussissent toujours, surtout dans les emplois liés au gouvernement.

En amour, ils aiment garder leur indépendance, mais lorsqu'ils tombent amoureux, ils donnent tout pour leur partenaire.

L'inconvénient de cet Ascendant est qu'il est parfois influencé par d'autres personnes.

Poissons – Cancer Ascendant

Les Poissons avec l'Ascendant Cancer sont extrêmement sensibles et rêveurs. Ils aiment les nouvelles choses et se concentrent sur l'apprentissage constant.

Dans le domaine du travail, ils sont ambitieux et combattants, car ils recherchent le succès et n'abandonnent jamais tant qu'ils ne l'ont pas atteint.

L'amour est important pour eux, et partager des moments en famille est essentiel, même s'ils sont amoureux.

Au-delà

L'existence d'une vie après la mort est un dilemme qui a transcendé toutes les civilisations et laissé plusieurs religions sans réponse.

Beaucoup craignent la mort, quelles que soient leurs croyances religieuses, parce qu'ils savent que c'est quelque chose qu'ils ne peuvent pas changer. Cette peur vient de l'inconnu.

Seuls ceux qui ont vécu une expérience de mort imminente, ou une régression vers une vie antérieure, savent que nous sommes des âmes éternelles et que nous existons dans deux mondes, le physique et le spirituel.

Dans l'Égypte ancienne, la mort n'était pas la fin de la vie, mais seulement le début du cycle suivant dans le voyage éternel de l'âme.

Les Romains percevaient la mort comme un segment naturel du cycle de la vie et reconnaissaient qu'il s'agissait d'une transition vers une autre forme d'existence. Les Grecs de l'Antiquité supposaient que l'âme quittait le corps après la mort et continuait à exister sous une autre forme, et les Perses considéraient l'au-delà comme une récompense pour les justes.

Les religions ont des points de vue différents sur cette question. Pour l'hindouisme, c'est une transition, ils voient la mort comme le début d'un nouveau cycle. Dans les religions africaines, la vie ne se termine jamais avec la mort, mais continue ailleurs. Dans le bouddhisme, la mort n'est que la fin de la vie actuelle pour commencer un nouveau cycle dans lequel l'âme continuera son apprentissage. Les Juifs croient que les âmes montent au ciel, que la vie sur terre prend fin, mais que l'être humain et son âme ne sont pas finis.

Dans l'islam, ils croient en la vie après la mort et la réincarnation ; Pour eux, l'âme revient corriger certains domaines de la vie, mais jamais dans le même corps. Pour les chrétiens, quand vous mourez, vous êtes jugé, et selon le verdict, vous allez dans certains des différents royaumes qui existent au ciel ou en enfer. Pour les catholiques, la mort est synonyme d'espérance.

C'est la rencontre avec Dieu et la vie éternelle, mais pour cela l'âme doit être purifiée.

Toutes les civilisations et religions ont une conception différente de la mort et de la supposée vie après la mort, mais d'après mon expérience, lorsque nous mettons fin à cette vie terrestre, nos âmes se dirigent vers leur « maison ».

Il n'y a pas d'enfer pour les âmes, le seul enfer est ici sur Terre. La « maison » est un lieu céleste, où l'on nous montre avec tendresse et miséricorde ce que nous avons fait et ce que nous n'avons pas réussi à faire dans notre vie terrestre.

À cet endroit, il n'y a pas d'étiquettes, nous ne sommes pas classés. Personne n'appartient à une quelconque race, personne n'est bon ou mauvais, il n'y a pas de sexe ou de parti politique, là-bas nous sommes tous égaux. Avec l'amour, on nous apprend ce qu'il faut améliorer ou changer, puis nous planifions notre prochaine vie.

Mourir, c'est retourner à notre « maison » spirituelle, sans ce bagage plein de besoins et de limitations que le corps physique a.

Nous devons tous mourir parce que nous ne pouvons pas rester longtemps loin de notre « essence », et même si nous mourons, nous sommes une énergie éternelle, et notre âme est infinie et immortelle.

Si vous avez des doutes et que vous vous demandez souvent ce qui vous arrivera après la mort, n'oubliez pas que nous n'avons pas été créés par hasard, encore moins dans le seul but de survivre.

Nous nous déplaçons intérieurement au sein d'un réseau universel qui guide l'évolution physique de l'être humain. Si la mort était la fin, la vie n'aurait pas de sens.

Nous sommes prédestinés à faire des allers-retours entre divers univers à travers l'espace et le temps pour apprendre à nous améliorer, à évoluer et à acquérir plus de connaissances. Nous devons faire confiance à ce processus avec équanimité et courage.

Câbles d'énergie

Dans la vie, nous sommes exposés à différents types de câbles énergétiques qui nous polluent et interfèrent avec notre façon de penser et d'agir. Les cordons d'alimentation sont des connexions énergétiques que nous avons avec d'autres personnes, des villes, des choses, des opinions ou des vies antérieures, ainsi que des connexions que d'autres personnes ont avec vous.

Parfois, certains de ces cordons d'alimentation proviennent de vies antérieures ou du temps entre ces vies.

Ces cordons d'énergie peuvent nous affecter de manière positive ou négative, ce qui dépend de la qualité de ces relations. Lorsqu'une relation entre deux membres, ou éléments, est positive, l'échange d'énergie qui a lieu est bénéfique. Dans les cordes énergétiques des relations toxiques, l'énergie échangée est très nocive, elle affecte donc notre vibration énergétique de manière négative.

Du point de vue du champ éthérique, ces cordons d'énergie ont l'apparence d'anneaux, à travers lesquels chaque extrémité des parties se joint et favorise cet échange d'énergies.

Parfois, ces cordons d'alimentation sont si toxiques qu'il est extrêmement difficile de s'en libérer ou de s'en protéger. Ces types de câbles d'énergie sont des liens nocifs que nous cultivons au fil du temps et du soin que nous consacrons à favoriser les relations avec d'autres personnes, des villes, des maisons, des objets, des croyances, des dogmes, des religions et d'autres vies.

Plus la relation est longue, plus le cordon d'alimentation est fort et plus il est difficile de le rompre.

Il y a une sorte de cordon d'énergie qui se développe avec les personnes avec lesquelles nous avons eu des relations amoureuses. En particulier, si la relation a été stable et pendant une longue période, lorsque la relation se termine, ces cordons d'énergie sont puissants et toxiques.

Ces cordons d'énergie, qui dans le passé étaient une source de transmission d'émotions et de sentiments positifs d'amour, deviennent des canaux de transfert du ressentiment à l'autre personne.

Le cordon énergétique est plus toxique et stressant si la rupture a été dramatique ou s'il y a eu trahison. Peu importe si vous ne communiquez pas avec cette personne, ces types de cordons d'alimentation restent actifs, et si vous ne les retirez pas, ils peuvent absorber ou contaminer vos énergies.

Lorsque nous avons des rapports sexuels avec une autre personne, même si la rencontre est courte et occasionnelle, nous créons également des cordons d'énergie. Dans tous les contacts que nous avons sur le plan intime ou émotionnel, nous échangeons des énergies. Les cordons d'alimentation ne sont peut-être pas toxiques, mais vous donnez toujours à cette personne l'accès à votre champ d'énergie et, par conséquent, elle peut voler votre énergie.

Si la relation sexuelle est contre leur volonté, comme c'est le cas dans les abus sexuels, un cordon d'énergie est créé si fort qu'il rend impossible la guérison de la victime.

Il existe une grande diversité de cordes d'énergie relationnelle qui sont nocives. Les principaux sont les liens actuels avec la famille, les ancêtres, les amis et les connaissances, les partenaires et les amants, les étrangers, les animaux domestiques, les lieux, les croyances et les vies antérieures.

Les cordes d'énergie deviennent toxiques lorsque la relation se brise, en particulier lorsqu'il y a dépendance, manipulation, narcissisme, contrôle et jeux de pouvoir.

D'autres fois, les fils de l'énergie toxique ne sont pas liés à des personnes avec lesquelles nous avons une véritable amitié, mais à des personnes qui semblent être des amis et qui sont vraiment envieux et qui volent vos bonnes énergies.

Ce sont les soi-disant amis qui vous approchent dans le but de vous ennuyer avec leurs drames, qui ne se soucient jamais de ce que vous ressentez, qui vous demandent toujours des conseils et qui ont besoin de votre attention et de votre soutien jour et nuit. Une fois que vous interagissez avec eux, vous vous sentez épuisé et votre esprit est abattu.

Encore une fois, avant d'éliminer ces types de cordons d'alimentation, vous devriez honnêtement vous demander les raisons pour lesquelles vous avez autorisé ces types de personnes à entrer dans votre vie.

Parfois, les cordes d'énergie adhèrent à notre aura lorsque nous croisons des inconnus dans la rue, ou lorsque nous nous connectons avec d'autres personnes via les médias sociaux, même si nous n'avons jamais eu de relation physique avec ces personnes.

Cependant, les cordons d'alimentation qui se forment avec des inconnus sont faibles et plus faciles à casser.

Il existe également **des cordons d'énergie de groupe** qui lient deux personnes ou plus qui ont des expériences communes, comme des amis, des couples ou avec des camarades de classe à l'école.

La dynamique des câbles d'énergie d'un groupe reflète la qualité des relations. De plus, chaque membre du groupe, à son tour, dispose de plusieurs cordons d'alimentation qui sont distribués à d'autres groupes beaucoup plus petits au sein du cordon d'alimentation du groupe principal.

Généralement, de nombreux cordons d'alimentation de groupe se composent d'un cordon d'alimentation principal qui a le contrôle sur d'autres individus. Par exemple, lorsqu'un groupe relève d'un directeur d'école, d'un enseignant ou d'un directeur.

La structure des câbles d'alimentation de l'ensemble est similaire à un tissu à plusieurs liaisons. Les séquences d'énergie déterminent le type de relations et l'échange d'énergie entre ses membres.

Les câbles d'alimentation de groupe ont la capacité de fournir une source extraordinaire de soutien énergétique, si la dynamique de groupe est intacte et saine. Dans le cas où la relation de groupe se détériore, ou lorsque plusieurs membres ont des tensions les uns avec les autres, cela peut affecter négativement l'énergie collective du cordon énergétique du groupe et induire une attaque énergétique interne massive.

En plus des cordons d'alimentation qui sont créés entre les humains, il est possible que nous ayons également des cordons d'alimentation avec des animaux qui ont été nos animaux de compagnie. Ces relations sont aussi fortes que celles qui s'établissent entre les êtres humains, voire plus fortes. Habituellement, ces relations ne sont pas toxiques, mais si elles nous ont causé des dommages physiques, ou si nous avons eu une dépendance émotionnelle à l'égard de ces animaux de compagnie, le cordon énergétique devient toxique et affecte notre bien-être.

Nous pouvons également développer des liens énergétiques avec les pays, les capitales et les maisons dans lesquels nous résidons. Ces cordons d'énergie peuvent être positifs ou négatifs. La qualité du cordon d'alimentation dépend de la relation que nous entretenions avec ces lieux.

Peu importe à quelle distance vous êtes d'une ville ou d'un pays, les énergies de cet endroit et les événements négatifs que vous avez vécus continueront à vous affecter à moins que vous ne coupiez les cordons d'énergie négative.

Souvent, beaucoup de gens ont des contrats karmiques qu'ils ont signés dans des vies antérieures, et même des pactes avec des esprits, qui restent avec eux dans cette vie présente. Ces contrats karmiques peuvent être vus sous la forme de connexions et de nœuds éthériques en divers points de vos champs d'énergie.

Il s'agit souvent de contrats de pauvreté et de souffrance dus à des expériences traumatisantes. Régulièrement, les gens qui ont eu des capacités de clairvoyance dans d'autres vies, mais qui ont subi des représailles pour cela, ont tendance à nier leurs capacités intuitives dans cette vie, créant un nœud éthérique dans leur troisième œil.

Habituellement, la raison pour laquelle certains contrats, malédictions ou traumatismes de vies antérieures persistent est qu'il y a une leçon que nous aurions dû apprendre dans une vie antérieure et que nous ne l'avons pas apprise, qu'il y a une leçon à apprendre que nous avons besoin de plus d'une vie, ou que nous n'avons tout simplement pas eu le temps de guérir une malédiction. Un contrat, ou un traumatisme, d'une vie antérieure et s'en débarrasser dans la période entre une existence et une autre.

Les malédictions karmiques générationnelles ressemblent à des contrats karmiques en ce sens qu'elles ont également été créées dans une vie passée et continuent d'affecter la vie présente. Cependant, il y a une différence : les contrats karmiques sont faits de son propre gré, et les malédictions karmiques générationnelles sont héritées d'autres personnes. Ces malédictions sont des attaques psychiques qui peuvent durer de nombreuses vies si elles ne sont pas brisées.

Il y a des cordons énergétiques qui peuvent nous relier à des ancêtres que nous n'avons jamais connus, à des endroits où nous n'avons jamais vécu ou visité, et à des événements que nous n'avons pas vécus dans notre vie actuelle. Il y a des contrats karmiques ancestraux qui ont été hérités de nos ancêtres sans que nous ayons participé à leur choix. De tels contrats ancestraux génèrent des peurs et des attentes que les peurs, ou la volonté d'un ancêtre, se réaliseront.

Parfois, nous avons des cordes d'énergie qui proviennent de vies antérieures. Si un événement traumatisant d'une vie antérieure devient répétitif au cours de nombreuses vies, des cordes énergétiques se forment qui transcendent plusieurs vies, créant une corde puissante qui brise la capacité de cette personne à éliminer ce schéma traumatique. Souvent, tous les traumatismes que nous vivons dans notre vie actuelle sont de petits morceaux de traumatismes de vies passées.

Ceux qui ont vécu un événement traumatisant dans une ou plusieurs vies antérieures, sans le surmonter, vivent leur présent en attendant de le revivre. Ces personnes créent de nouvelles expériences à un niveau subconscient dans les premières années de leur vie avec l'intention de se traumatiser et de renouveler leurs attentes. Habituellement, la façon la plus courante dont ces chaînes d'énergie se manifestent est par des peurs et des phobies.

Une autre forme de corde d'énergie est celle formée avec les croyances. Toutes les croyances que nous avons, positives ou négatives, ont une corde énergétique qui se déploie de notre être dans le schéma de pensée universel de la croyance. La pensée collective est le produit des pensées, des émotions et des énergies de toutes les personnes qui ont déjà eu, ou qui ont encore, une croyance spécifique, ou qui ont collaboré avec elle.

Lorsque nos pensées et nos émotions sont étroitement liées à une croyance spécifique de manière aiguë et permanente, nous nous connectons à ce schéma de pensée collectif, qui nourrit et renforce notre cordon énergétique avec la croyance.

Nous avons souvent des brins d'énergie toxique avec divers objets avec lesquels nous avons maintenu des liens émotionnels, parmi lesquels il y a généralement des lettres, des livres, des photographies, des peintures, des vêtements, des chaussures, etc.

Si la relation avec les personnes qui possèdent ou s'associent à ces objets s'est terminée en mauvais termes, le ressentiment que vous, ou d'autres personnes, ressentez, est immédiatement transféré aux objets. Il ne suffit pas de couper le câble d'alimentation avec des objets, vous devez les nettoyer. Mais au mieux, jetez-les.

Toutes les antiquités familiales qui se transmettent de génération en génération accumulent les énergies de toutes les personnes qui les ont possédées ou qui ont eu des contacts avec elles. En les possédant, vous créez des liens énergétiques avec ces personnes, leurs traumatismes et les expériences qu'elles ont vécues.

Il est sain de vendre, de donner ou de jeter ces objets, car lorsque vous rompez le lien physique, vous coupez automatiquement le cordon d'énergie qui nous relie à eux.

Dans le monde spirituel, nous sommes la somme totale des vies que nous vivons, même si nous n'avons aucun souvenir des événements ou des expériences que nous avons vécus.

Pour l'âme, il n'y a ni espace ni temps. L'âme a la capacité d'accumuler toutes les expériences que nous avons eues dans toutes nos vies passées. La personne que vous êtes aujourd'hui est la somme de toutes vos vies passées.

Le mauvais œil, les malédictions et l'envie

Le mauvais œil, les malédictions et l'envie entrent dans la catégorie des attaques psychiques. Ils se produisent tous lorsqu'une personne vous envoie de fortes vibrations dont l'ingrédient principal est les énergies négatives. Cela peut se produire consciemment ou inconsciemment, mais en raison de l'intensité de ceux-ci, ils sont très nocifs.

Le mauvais œil, les malédictions et l'envie sont beaucoup plus graves lorsque vous entretenez une relation avec cette personne, car le cordon d'énergie qui est créé vous permet d'avoir un accès complet à votre énergie.

Cependant, il peut aussi y avoir des cordons d'énergie entre des personnes inconnues, quelles que soient les limites du temps, car l'énergie a la capacité de transcender le temps et l'espace et d'atteindre toute personne ou objet avec concentration et intention.

Possession psychique

Les possessions psychiques sont courantes, mais elles passent parfois inaperçues. Ils se produisent lorsqu'un esprit de basse vibration, ou âme errante, prend le contrôle du corps d'une personne, provoquant des changements de comportement et une maladie. Cette entité pénètre à travers l'aura.

Lorsqu'une personne décide de se libérer de cet esprit, il est très important qu'elle choisisse quelqu'un de professionnel. Si la personne qui fait l'œuvre ne fait qu'expulser l'esprit, elle cherchera un autre corps dans lequel se loger.

Les symptômes de la possession psychique sont complètement différents des symptômes des autres types d'attaques énergétiques. Il s'agit notamment de l'apathie émotionnelle, des comportements destructeurs, de l'agressivité, de la perte de mémoire, de l'audition de voix et des changements physiques chez la personne possédée.

Connexions psychiques

Les attachements psychiques sont une forme plus douce de possession psychique. Dans cette situation, un esprit détérioré, une âme errante, un objet et même un autre individu sont soumis à l'aura d'une personne, affectant ses comportements et ses habitudes.

Cela se produit parce que la personne est vulnérable dans son champ d'énergie. Il est courant de voir des connexions psychiques lorsque les gens traversent des périodes de dépression, lorsqu'ils prennent des médicaments ou abusent de drogues ou d'alcool.

Un trou s'ouvre dans l'aura pour ces personnes et cela permet à une entité externe de maintenir leur aura, d'absorber leur énergie et d'influencer leurs émotions et leurs comportements.

Les discothèques, ou les endroits où il y a une forte consommation de drogues ou de boissons alcoolisées, sont toujours inondés d'une multitude d'esprits à faible énergie et d'âmes désorientées, qui chassent les ivrognes et les toxicomanes pour maintenir leur aura et se nourrir de leur énergie.

Anime

Ce sont des âmes qui n'ont pas fait leur transition. Cela peut se produire lorsque l'âme s'attache à un membre de la famille ou à une dépendance à une substance. Ces âmes errent sur notre plan terrestre en prenant le contrôle de l'énergie de personnes qui ont les mêmes addictions, ou qui sont victimes de stress, de dépression ou de manque émotionnel.

Cette forme d'attachement psychique est très courante, surtout chez les jeunes.

Transgression psychique

La transgression psychique se produit lorsque nous avons des fantasmes sexuels sur une personne, ou lorsqu'une autre personne fantasme sur nous sexuellement. De tels fantasmes pénètrent dans l'espace énergétique d'une personne, transmettant et créant un crochet énergétique qui sape son énergie essentielle.

Symptômes d'une crise d'énergie

Les attaques d'énergie ont plusieurs symptômes. Il s'agit notamment de l'épuisement, de l'insomnie, des cauchemars, du découragement, de l'anxiété, de la dépression et des accidents.

Même si vous n'avez pas ces symptômes, cela ne signifie pas que vous avez une immunité de revenu ou des attaques d'énergie. Parfois, ils ne se sont peut-être pas manifestés, ou que vous êtes avec eux depuis si longtemps, que vous vous y êtes habitué. Nous sommes tous vulnérables aux attaques énergétiques.

Certaines habitudes, dépendances et coutumes vous rendent plus vulnérable aux cordons d'énergie et aux attaques, vous rendant malade ou endommageant votre champ aurique, rechargeant votre énergie ou repoussant les agressions des esprits sombres.

Système d'immunité énergétique

Les chakras et le champ aurique font partie de notre système immunitaire énergétique et ont une relation proportionnelle avec le système immunitaire de notre corps.

Notre système d'immunité énergétique contrôle la façon dont nous interagissons énergétiquement avec les autres et l'environnement qui nous entoure, métabolisant l'énergie que nous absorbons pour nous protéger des attaques d'énergie ou du sabotage.

L'Aura

Nous sommes plus que notre corps physique. Nous avons d'autres corps qui vivent dans des dimensions parallèles, et autour de notre corps, ce qu'on appelle le champ aurique.

L'aura est une énergie qui est imprégnée chez tous les êtres vivants et sa structure est déterminée par la composition de ces êtres. L'aura humaine est la plus complexe, atteignant plus d'un mètre autour du corps physique.

Notre aura a sept couches, ou corps, qui se réfèrent aux sept chakras et s'étendent vers l'extérieur à partir du centre de notre corps physique. Ces couches sont appelées corps physiques, éthériques, émotionnels, mentaux, causaux, intuitifs, spirituels.

Ils ont tous leurs propres fonctions et caractéristiques. Tous ces corps de l'aura occupent celui qui la précède et, en même temps, s'étendent au-delà.

En raison de sa nature dynamique, l'aura peut projeter et propager son énergie aux objets et à l'environnement qui nous entoure, en transmettant et en recevant de l'énergie entre eux en même temps.

L'aura est ce qui permet de ressentir plus facilement l'énergie des personnes et des lieux. Nous sommes tous en retour constant avec le monde qui nous entoure. L'aura est comme une éponge qui absorbe toutes sortes d'énergie des personnes et des lieux, grâce à ses capacités réceptives et perceptives.

Les énergies qui imprègnent notre aura, si nous ne les éliminons pas, ont la capacité d'influencer nos schémas de pensée, nos émotions et nos comportements.

Les trois premières couches de l'aura métabolisent l'énergie liée au monde physique, et les trois premières couches se réfèrent au monde spirituel. Le corps, ou couche astrale, se connecte au chakra du cœur et transmet l'énergie entre les mondes physique et spirituel.

Habituellement, les attaques énergétiques se manifestent dans les trois premières couches, ou corps, car elles sont les plus influencées par nos expériences et nos comportements.

Une attaque énergétique, consciente ou inconsciente, se produit parce que l'agresseur découvre une faiblesse, ou une fragilité, dans l'une des couches auriques et transmet des énergies négatives, ou absorbe de l'énergie positive.

Retrait du bloc sanitaire

Dans un bol, ajoutez 9 cuillères à soupe de miel, de cannelle et 9 cuillères à soupe de sucre. Il est très bien mélangé, laissé au repos au clair de lune et, le lendemain, baigné dans ce mélange.

Salle de bain pour apporter de l'harmonie à la maison

Faites bouillir un plant de romarin, de clou de girofle et de basilic avec de l'eau bénite ou de l'eau de lune. Mettez-le au frais et ajoutez l'huile essentielle de lavande.
Vous le jetez dans la baignoire, le faites tremper pendant 15 minutes et vous êtes prêt à partir.

Bain contre l'envie

Si vous voulez couper le mauvais œil, ou l'envie, vous devez faire bouillir 8 citrons, 3 cuillères à soupe de miel, 3 cuillères à soupe de sucre, dans 3 litres d'eau. Lorsqu'il fait un peu froid, mélangez-le avec l'eau de la baignoire et faites-le tremper pendant une demi-heure.

Bain chanceux

Cette salle de bain est spéciale si vous voulez réussir quelque chose de spécifique. Recherchez un bouquet de camomille, 2 cuillères à soupe de miel, un bâton de cannelle et 2 oranges. Vous faites bouillir tous ces ingrédients et lorsque le mélange refroidit, vous le versez dans la baignoire. Vous devez le faire pendant 3 jours consécutifs.

Bibliographie

Certaines informations ont été extraites des livres publiés par les auteurs : Amour pour tous les cœurs, De l'argent pour toutes les poches et Horoscope 2022 et 2025.

Articles écrits dans le Nuevo Herald par l'un des auteurs.

À propos de l'auteur

En plus de ses connaissances astrologiques, Alina A. Rubí a une formation professionnelle abondante ; elle a des certifications en psychologie, hypnose, Reiki, guérison bioénergétique des cristaux, guérison angélique, interprétation des rêves et est instructrice spirituelle. Ruby a une connaissance de la gemmologie, qu'elle utilise pour programmer des pierres ou des minéraux et les transformer en puissantes amulettes ou talismans de protection.

Rubi a un caractère pratique et orienté vers les résultats, ce qui lui a permis d'avoir une vision spéciale et intégrative de divers mondes, facilitant les solutions à des problèmes spécifiques. Alina rédige les horoscopes mensuels pour le site Web de l'Association américaine des astrologues, vous pouvez les lire sur le site Web :

www.astrologers.com. Actuellement, il tient une chronique hebdomadaire dans le journal El Nuevo Herald sur des thèmes spirituels, publiée tous les dimanches en format numérique et le lundi en format imprimé.

Il a également un emploi du temps et l'horoscope hebdomadaire sur la chaîne YouTube de ce journal. Son Annuaire Astrologique est publié chaque année dans le journal « Diario las Américas », sous la rubrique Astrologue Rubis.

Rubi a écrit plusieurs articles sur l'astrologie pour la publication mensuelle « L'astrologue d'aujourd'hui », il a enseigné l'astrologie, le tarot, la lecture des mains, la guérison par les cristaux et l'ésotérisme. Elle a des vidéos hebdomadaires sur des sujets ésotériques sur sa chaîne YouTube : Rubi Astrologa.

Son programme d'astrologie a été diffusé quotidiennement par Flamingo T.V., a été interviewé par diverses émissions de télévision et de radio, et chaque année, son « Annuaire astrologique » est publié avec l'horoscope signe par signe, et d'autres sujets mystiques intéressants.

Elle est l'auteur des livres "Riz et haricots pour l'âme " Partie I, II et III, un recueil d'articles ésotériques, publiés en anglais, espagnol, français, italien et portugais. « De l'argent pour tous les budgets », « L'amour pour tous les cœurs », « La santé pour tous les corps », Rire de la vie avant que la vie ne se moque de vous, Clés de la prospérité, Purifications spirituelles et énergétiques, Annuaire astrologique 2021, Horoscope 2022, Rituels et sorts pour réussir en 2022, 2023, 2024 et 2025, Sortilèges et secrets, Cours d'astrologie, Rituels et amulettes 2020, 2021, 2022, 2023, 2024, 2025 et Horoscope chinois 2023 et 2024, et bien d'autres, tous disponibles en neuf langues : anglais, russe, portugais, chinois, italien, français, espagnol, japonais et allemand.

Rubi parle parfaitement l'anglais et l'espagnol, combinant tous ses talents et ses connaissances dans ses lectures. Il réside actuellement à Miami, en Floride.

Pour de plus amples informations, **veuillez consulter le site :**

www.esoterismomagia.com

Milton Keynes UK
Ingram Content Group UK Ltd.
UKHW030142051224
452010UK00001B/208